集客力を高める

# 博物館展示論
普及版

青木 豊 著

雄山閣

集客力を高める　博物館展示論　目次

はじめに ……………………………………………………………………… 7

# 第1章　展示の概念 …………………………………………………… 11

展示の原則―広義の展示― ……………………………………………… 11
自然界の展示―植物が行う展示― ……………………………………… 11
動物界の展示 ……………………………………………………………… 13
人間社会の展示行為 ……………………………………………………… 14
わが国最初の完成された展示 …………………………………………… 16
展示施設のはじまり ……………………………………………………… 17
料理と博物館展示 ………………………………………………………… 19

# 第2章　博物館展示論史 ……………………………………………… 21

博物館展示の命題 ………………………………………………………… 21
明治時代中期の展示論 …………………………………………………… 22
　坪井正五郎の博物館学思想　22
　仏英留学地での博物館学思想の発露　23
　坪井正五郎の展示技術論　25
　坪井正五郎が実施した展示　27
博物館における展示とは ………………………………………………… 28
　展示コミュニケーション論　30
　博物館展示の分類　33

1

# 第3章　集客力のある博物館の基本要素 ……… 39

- もてなしの心の必要性 ……………………………… 40
- 奇をてらう心の必要性 ……………………………… 42
- 博物館の外観と歴史的建造物の利用 …………………… 43
- 可変性のある常設展示 ……………………………… 47
- 正確な情報と作法（伝統的展示法）展示の必要性 ……… 48
- 参加型博物館—博物館の存在と内容のアピール— …… 51
- マニフェスト ………………………………………… 54
- 博物館の広報 ………………………………………… 55
- 博物館見学者から展示批評者へ ……………………… 58
- 学芸員の配置 ………………………………………… 59
  - 学芸員の社会的地位の向上と外部資金の獲得　60
  - 利用者と学芸員が求める館長　62
- 資料・コレクションは博物館の骨格 …………………… 66
- 入館料の無料化—博物館最大のバリアー— ………… 67
  - 招待券・無料パスポートの発行　70
  - 無料駐車場の設営　71
- 地域文化の核としての"道の駅"を持つ有利性と博物館 …… 72
  - 道の駅の設立目的とその概念　72
  - 郷土博物館との共通理念　73
  - 博物館の有利性　74
- 博物館の教育活動 …………………………………… 76
  - 博学連携の目的　76
  - スクールミュージアム　78
- 博物館疲労（鑑賞疲労）の抑制 ……………………… 80
  - 展示室の床材の必要要件　81
  - 回廊・回遊式展示室　82
- リピートを高める展示室の面積 ……………………… 84

展示室の面積増加に伴う滞留時間の延長とリピート客の誘引　86
　　　収蔵庫の必要面積　86
　　　展示室もまた収蔵庫である　87
　　　博物館以外での保管場所　88
　自然光の取り入れ ………………………………………………………… 90
　　　無窓空間の出現と光量減の理由　90
　　　光が劣化因子となる資料の材質　92
　　　眼精疲労を発生する見づらい照明　93
　　　自然光の展示上の効用　94
　　　天井光の必要性　94
　野外部と野外展示の必要性 ……………………………………………… 95
　　　野外での植物展示の必要性　97
　左回り動線 ………………………………………………………………… 99
　　　規制動線の必要性　101
　　　動線両側の展示の禁止　102
　ボランティアについて …………………………………………………… 103

# 第4章　集客力を高める博物館展示の具体 …………… 107

## 1　展示の基本形態 …………………………………………………… 107
　提示と説示─提示は博物館展示ではない─ ………………………… 107
　二元展示(Dual arrangement)の必要性と二重展示(Double arrangement) ……… 111
　　　概説展示と子ども用展示・子ども博物館　114
　基本的展示法 ……………………………………………………………… 115
　　　①時間軸展示／変遷展示　116
　　　②比較展示　117
　　　③組み合わせ展示　118
　　　参加型展示─受動態から能動態へ─　120
　　　蔵のぞき・整理室のぞき　122

3

究極の参加型展示―韓国西大門刑務所歴史博物館の事例―　124
　　　動態展示と動感展示　126
　　　静止展示と動感・動態展示　127
　　　時を止める人形　128
　　総合展示の必要性 …………………………………………………… 129
　　　水族館での総合展示　133
　　集客と博物館参加を意図する特別展示 …………………………… 136
　　　姉妹都市・友好都市の紹介展示　138
　　　居開帳―蔵出し展示―　139
　　　夏休み中の夜の博物館　140
　　展示における資料の環境・背景の必要性 ………………………… 142
　　　本来あるべき位置・姿での展示　144

## 2　展示の具体 ………………………………………………………… 144

　　床下は展示ケースである ……………………………………………… 144
　　ミュージアム・ワークシート ………………………………………… 146
　　　博物館検定　150
　　資料に適合したケースの必要性―料理は器できまる― …………… 150
　　　ケース内展示と露出展示とガラスバリア展示　152
　　展示は演示具できまる ………………………………………………… 153
　　　鏡の応用　154
　　美術館・博物館での「展示図録」の貸し出し　図書の展示 ……… 157
　　　「展示品図録」ではなく「展示図録」の必要性　158
　　休憩所の必要性と休憩所での展示 …………………………………… 160
　　　トイレでの展示　161
　　パネルの種類と情報の持ち帰り ……………………………………… 162
　　　構造展示・集合展示における題簽の不都合　164
　　　外国語併記の必要性　165
　　　漫画による注意の喚起　167
　　写真撮影―スポットポイントの必要性― …………………………… 168

不必要な集団展示 ……………………………………………… 169
　　入館記念スタンプの必要と要件 ………………………………… 171
　　展示の延長としてのミュージアム・ショップ ………………… 172
　　　ミュージアム・ショップ商品の必要条件　174
　　博物館および関係施設等での資料意匠の活用 ………………… 175
  3　集客力を高める二次資料の活用 ………………………………… 176
　　説示型展示に不可欠な二次資料 ………………………………… 176
　　レプリカ（型取り模造）展示について ………………………… 177
　　　レプリカ（型取り模造）の特質　178
　　　①資料保存を目的とするレプリカ　178
　　　②臨場感創出のためのレプリカ展示　180
　　　③勢いのある模型・生活感のある模型　181
　　　④完成された臨場感に富む模型、ジオラマ　182
　　構造展示と映像―映像機の設置場所― …………………………… 185
　　　映像展示機器の陳腐化と記録映像の制作　186
　　展示メディアとしてのパーソナル情報端末 …………………… 188
　　破片や部品のみ展示の禁止 ……………………………………… 189
　　復元図・模式図・想像図の必要性 ……………………………… 191
　　年表展示の必要性 ………………………………………………… 192

## 結　語 ……………………………………………………………… 197

　あとがき ……………………………………………………………… 199

# はじめに―博物館の現状・博物館建設の反省―

　バブル期に地域活性化の起爆剤であると、多くの自治体が短絡的に捉え建設された博物館の大半は、現在危機的状況にあるといっても過言ではないのが現状であろう。ここで言う危機的状態にある博物館とは、当時最先端の映像展示やシミュレーション機器や、調査研究に基づくことなく莫大な予算を持って収集した絵画や、製作による動く恐竜等々を主たる展示物とした博物館である。

　これらの博物館の多くは、博物館展示業者への全面委託に拠る建設という設置者不在とも言える点で共通性を有している。このことは換言すれば、博物館を建設する地元の考え方や、さらには博物館学に関する知識の関与が全くないままに建設されたことを示しているのである。

　つまり、地に足が着かない状態で安易に着工され、完成を迎えたのであった。この時点で学芸員が配置されたところもあろうが、教育委員会の所管でもなく観光施設あるいはその延長としての設置であるところから、専門職員の配置さえなかった施設も数多く見受けられるのである。

　このことは、わが国の博物館発展の中の一つの歴史として銘記し、再び同じ過ちを繰り返してはならないと考えるのである。一方で、経済が縮小した社会情勢において、箱物行政の一つに数えられるようになった既存の博物館の再生方法を講じることが重要なのである。拡がりを見せている指定管理者制度の導入は、博物館建設がなくなった展示業者の救済措置を目的とするならば兎も角、何の解決策にもなっていないこともまた事実であると看取されるのである。

　博物館の再生は、博物館は営利を目的とする機関でないことを再度明確に確認した上で、集客力の高揚に努めることに尽きよう。それには、博物館学意識を有した館長と熱心な専任学芸員を配置することが大前提であり、次いではあらゆる方法を駆使して集客を高めることである。そして、来館者に対しては再来館者となるように、博物館の魅力と満足度を十分に伝えることが最大の施策であると考えられる。

　ここで忘れてはならないことは、博物館教育は集客からはじまるのであって、来館者が来なければ何の意味も持たないと言うことである。そして、博物

館教育は、一朝一夕に明確なかたちで結果が得られるのではなく、自己から家族・友人・知人、そして社会全体へゆっくりと静かに拡がり浸透していくことを特徴とすることを認識しなければならないのである。

＊

本書の目的は、表題に記した如く集客力を高める博物館展示の要件とその具体の究明を目的とするものである。

今日の博物館現場では、特別展・企画展の多くは本来の博物館活動事業の趣旨から逸脱し集客を求めて実施されているのが通常である。集客に関する展示上の具体的な施策は、唯一特別展・企画展に限定されたものであり集客力高揚の手段的視座は展示の改革ではなく、むしろ教育諸活動に注がれて来たのが現状であろう。

博物館における展示は博物館にとって最終機能であり、最大の機能であると長らく位置づけられては来たものの、果たしてそうなっているであろうか。確かに展示は博物館を特徴づける要件であることは間違いないが、現状を観察する限り代表する機能を果たしているとは言い難いのではなかろうか。

つまり、本来博物館における展示とは、直截に教育を指示するものであると同時に、博物館の顔であることは確認するまでもない。今日までの博物館学の研究成果では、展示と教育諸活動は博物館教育の両輪に比喩されるが、そうではないのである。やはり博物館の最大の教育は展示であって、いわゆる教育諸活動とは決して対等でない機能と考えねばならないのである。したがって、展示は主輪であり主翼であって、教育諸活動は展示を基本にさらなる博物館活動展開の延長機能であると考えるべきである。

したがって、この意味で勾玉作りや土器作りと言った一般に集客を目的とした教育活動を全面的に否定するのではないが、"驚きと発見"の連続により見学者を魅了しリピーターを誘引し得る、集客力を高める展示を構成することこそが、博物館が先ず第一目標としなければならない本来の姿なのではないだろうか。

展示が良くなれば、博物館は良くなる。展示が変われば、博物館は変われる。

つまり、博物館の改善とは、展示の変革であると断言できるのである。くどいようであるが、展示が良くなれば、博物館は変われるのである。良い展示と

は、見学者自らが足を向ける展示であり、展示空間であって、それが即ち集客力のある展示であり、集客力のある博物館なのである。

　それには、先ず以って博物館利用者の不満を消去することが肝要なのである。ただ、ここで言う不満は不鮮明なものである故に、表面に出てこない不満を引き出すことなく、博物館を"裸の王様"にする見学者を長年にわたり育ててきたことも博物館の大罪であろう。この社会的特質であるとも表現できる当該現象は、帝室博物館により開始され、醸成されたものと看取されよう。

　博物館展示もそれぞれの博物館によって様々であり、たとえば民具の場合は分類・配架状態の展示が一般的である。民具は、美術品ではないのであるから提示型展示では不十分であるばかりでなく、このような展示では二度と人を呼ぶことは出来ないのである。民具に限らずわが国の博物館展示は、美術・工芸品以外の資料でも提示型展示であるところに抜本的問題を有していると考えられるのである。この提示を、見る者の"驚きと発見"につながる知的レクリエーションを全うさせ得る展示、即ち原則的には資料をただ見せるのではなく、資料で情報を伝える説示型展示を基盤とする博物館が本来果たさねばならない展示の姿を考察するものである。

　次いで、博物館での見学者の滞留時間が重要であることは確認するまでもない。見学者の滞留時間の長短は、直截的な展示・展示室の評価に他ならないのである。また、この評価が見学者のリピートに直結することも忘れてはならないのである。ジョン．H．フォーク、リン．D．ディアーキングは、『博物館体験』の中で下記の通り記している[1]。

　　　博物館来館者の大部分は、まるで飛ぶように博物館を通り抜けていく。
　　（中略）
　　　たった、二、三時間の間に来館者に影響を与える為に、博物館は何が出来るだろうか。

見学者は、展示の前を通り過ぎてゆくのが常であるが、2、3時間の間に来館者に影響を与える為になにをなすべきかという疑問は重要である。博物館の規模の違いを痛切に確認せざるを得ないが、わが国では10〜20分であろう。このことからも先ず、博物館展示室での滞留時間の延長には展示室はそれなりの面積を有さねばならないことは明白であることはともかくとして、博物館展

はじめに

示室での滞留時間延長には展示する者と展示に参加する者の両者の同時併存を発生させるべく、展示への参加をあらゆる方法で考えることが必要となってくるところから、展示に留まらず博物館への参加の具体を考えるものである。

　また、本書で用いた文献は、明治時代後期から昭和時代の戦前期に記された論文等を基本的に引用した。理由は、別稿[2]でも記しているように博物館学の確立を筆者は明治30年代から明治時代後半期の間に置き、続く大正時代から昭和時代の戦前期は博物館学の変換期に位置づけているところから、当該期の博物館学思想は現在と比較して何等の遜色もなく、正鵠を射た数多くの博物館学に関する基本的論文があることの周知を目的としていることも事実である。

註
1) 　ジョン.H.フォーク・リン.D.ディアーキング　高橋順一訳　1996『博物館体験』雄山閣
2) 　青木　豊　2010「博物館学史序論」『國學院大學博物館学紀要』第34輯

# 第1章

# 展示の概念

## 展示の原則―広義の展示―

　展示行為は、独り博物館に留まるものではないことは、別稿[1]で記した通りである。展示は、人間社会における種々の活動の中で過去においても現在においても介在する行為であり、さらには人間社会のみに留まらず自然界の基本を構成する植物界においても多見される基本行為であると言えよう。
　つまり、展示は自然の一摂理と理解できる。これらを筆者は"広義の展示"と呼称している。
　したがって、博物館展示はこれらの自然界、人間社会に広く存在する広義の展示の中の一形態に位置づけられる行為であると考えねばならないのである。
　それ故に、展示の基本目的やその表現方法においては、自然界、動物界、人間社会のそれぞれの展示に共通性が看取されることは当然であり、この共通性こそが展示の基本要件なのである。広義の展示の中の一展示である博物館展示は、教育を目的とする点で既に広義の展示の範疇から逸脱した他に例を見ない特殊と言える展示であることも認識しておかなければならないのである。その上で、博物館展示が展示としての整合性を有するには、広義の展示に共通する展示の基本要件こそが博物館展示に於いても抜本的な要素であり、常に踏襲し続けねばならない要件であることを再度確認しなければならないのである。

## 自然界の展示―植物が行う展示―

　展示が持つ基本要件である「目的のある標示」、「ある一定の意思に基づく情報の伝達を目的とする行為」は掘り下げていけば植物界にまでも到達し、展示は自然の摂理の一つであることが窺い知れるのである。具体的には、野にある

植物が四季折々の花を咲かせることも自然界における植物がなす展示行為と考えられるのである。この場合、本展示の目的は受粉であり、即ち種の保存を直截に目的とすることは言うに及ばず、開花という展示行為はあくまで昆虫を対象とした注意の喚起であり、この"注意の喚起"こそが展示全般に流れる展示の基本要素の一つであると捉えねばならないのである。

　事実、野に咲く草花の色彩で黄色が最も多いのは、黄という色の波長が長き故に遠くからでも目立つことを目的に唯一起因するものであると把握されよう。それも春の緑なす野山を背景とした中での黄であり、色彩対象による視覚効果は十二分に発揮されたものとなっている。それ故に、秋の草花よりも春の草花に黄・白が多いことも傍証となろう。

　また、満花は多かれ少なかれ芳香を伴うのを常とするが、それも注意の喚起を目的とする展示の一手段に他ならないのである。

　以上の如く、虫媒花植物は松や稲等の風媒花植物と比較して一般に花冠が大きく美しく、さらに芳香といった手段で昆虫を対象者として展示を実施しているのである。

　次いで、展示には見る者にとっての受益を必要とすることである。つまり満花や芳香によって昆虫の注意を喚起しても、昆虫にとっての実利がなければ昆虫の翅を休めることはできない。また実利がなければ注意の喚起にもならないであろう。この場合の展示参加者である昆虫にとっての実利とは蜜そのものである。仮に蜜が存在しなければ展示が成立し得ないことは、地味な花をつけ、香りもない風媒花植物を例に取れば明白であろう。初源的とも言える自然の展

菜の花の展示に参加するモンシロチョウ

赤い実を付けるナナカマド

示であるが故に、蜜という生命維持の為の直截的な実利であるが、展示する者の世界が変われば"蜜"は娯楽性であり、美しいものの鑑賞や情報の獲得に変貌していくのである。と同時に、如何なる展示においても蜜に相当する、見る者にとっての受益要素が不可欠であることを植物から学び取らねばならないのである。

　たとえば、冬期にナナカマド・ナンテン・マンリョウ等々の植物の実が真赤に色づくのは、鳥の注意を喚起する展示行為であることは確認するまでもない。植物にとっての展示目的は、その実が鳥についばまれることにより親木のもとを離脱し、広範な勢力範囲の獲得と鳥の消化器官を通過することにより発芽を抑制する皮膜の除去を目的としているのである。そして、展示に参加する鳥にとっての受益は僅かな果肉であることは言うまでもない。展示する者と展示に参加する者の目的と利益の合致が展示で有ると言い換えることも出来よう。

　当該観点を博物館展示に置き換えれば、展示の前を通り過ぎようとする見学者の注意を喚起する具体的な方法が、構造展示・映像展示・動態展示といった種々の展示の技法やグラフィック・模型等々の補助展示物であり、蜜に相当するのが博物館資料と当該資料が内蔵する情報以外の何ものでもないのである。したがって見学者にとっての蜜は、あるときは美的鑑賞に堪え得る資料でなければならないし、またある時は見学者の知識欲を充足させるに十分な資料であったり、さらには希少性や経済的な付加価値として高価である等々の資料価値を多分に有するものでなければならないのである。

## 動物界の展示

　植物界と同様に動物界においても種々の展示行為は存在する。誰しもが先ず頭に描くものとして、雄の孔雀が羽を拡げる示威行為があげられよう。孔雀の雄は威嚇や求愛を目的とし、一見尾羽のように見える雄のみが持つ特有の著しく長い上尾筒を扇状に展開させる。そこには美しい青い色のハート形の斑文があり、開くと弧を描き規則的に配列された斑文を付置した扇であるかの如く見えるものである。このような孔雀に代表される示威・求愛を目的とする行為は、グンカンドリ・タンチョウヅル・ハト・ゾウアザラシ・エリマキトカゲ・コブラ等々をはじめ多くの動物に認められるもので、動物学では当該行為をデ

ィスプレイと呼んでいることからも自然界における展示の一形態と把握できるのである。

　つまり、目的を持った意思の伝達であるコミュニケーションの一形態に他ならないのである。

　同様なことは、魚類にも認めることができる。威嚇目的に膨らむフグやハリセンボン、求愛行為を行うイトヨ、婚姻色を表すサケ・マス科の魚類等があげられ、中でも顕著な展示と見做せる現象として"追星"がある。追星とは、アユ・フナ・キンギョ・タナゴ・オイカワ・モロコ・ウグイなどの主としてコイ科の魚類の雄に限って出現する体表の変化で、繁殖期になると鰓や鰭に現れる小突起を指す。また追星は表皮細胞が肥厚したもので、表皮の角質層におおわれ真珠の如く白ところから真珠器官、もしくは"たま星"とも呼称されるものである。この追星は前述した如く、繁殖期の雄のみに限って一時的に出現するところから、これも自然界における展示であると把握できよう。

　さらにまた、蛍の発光や発情期の猫の声、ガラガラヘビの発音等々もやはり広義の展示であると見做されるのである。

　以上の如く、動植物は自身が持てるものを使用し展示を実施するものである。人間は言葉という意思伝達方法を得たことと、道具の使用により身体表現による展示手段の退化から展示行為に"もの"を必要とするのである。

## 人間社会の展示行為

　厳密には、身振り・手振り・ウインク等も人間が実施する展示であろうし、縄文時代に認められる抜歯や叉状研歯・頭蓋変形、刺青等の身体変工も人間が己の身体をもって実施する基本的な展示であると言えよう。さらには結髪や化粧もそれに追随し、さらに衣服や装身具といった"もの"が加わることにより展示は一層の飛躍と複雑化を遂げることとなる。

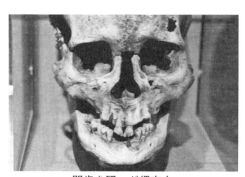

門歯を研いだ縄文人

人間社会の展示行為

　縄文時代における最大の展示は、ストーンサークル・配石遺構であろう。それは葬祭未分化の中での縄文人の他界観念と神々の世界を、石材という"もの"をもって具現化した展示に他ならないと考えられる。そして、それは、常設展示であり縄文人の世界観を集結させた総合展示であり、また石棒や種々の形態による石の配列は構造展示であると言えよう。さらにまた、男根を擬した石棒は拡大模型であると同時に、なによりも当該展示を象徴する象徴展示であったことも事実であろう。したがって、展示であるが故に展示を実施する者と、またそれを見ることに専念する者がいたに違いない。つまり、自然界における展示でもそうであるし、以後述べるところの広義の展示においても、展示には必ず展示する者と見る者の二者が必要であって、いずれか一方を欠いても展示は成立しないのである。

　さらに、古墳時代を象徴する高塚墳は、油井隆が示唆する如く[2]、明らかなる古墳時代人が企てた展示であると見做せるのである。展示観念が薄れ、家族墓として専念した古墳時代終末期の群集墳はともかくとして、古墳時代前期から中期に築営された大型古墳は各所に展示要素が認められるのである。先ず、占地の上でも見晴らしのきく丘陵上や尾根上の先端部に占地する点は生前に被葬者が治世したであろう土地を他界後も見下ろし、そこにはいわゆる国見といった観念も介在しようが、むしろ逆にそれは当該小国家の民が見上げる行為を目的とした集団の記念物としての展示であったと考えられるのである。前方後円という特異な形状、墓という観念をはるかに凌駕した規模、さらには葺石による装飾、埴輪列の配置などいずれをとっても見せることを目的とした所産であることが窺い知れよう。中でも墳丘上に配列された埴輪が明らかな展示物で

尾根上の森将軍塚古墳（左前方は善光寺平）

兵庫県五色塚古墳（前方は瀬戸内海）

あることは、主体部という被葬者のみが見ることができる空間に埋葬された副葬品と比較すれば明白に理解できよう。かかる視座をもってすれば、秦の始皇帝の兵馬俑坑に代表される中国の兵馬俑坑は被葬者のみのものであり、多くの見る者を対象としたわが国の埴輪列とは、展示という意味でも基本的に異なる産物であったと言えよう。

　他国者への示威と集団の記念物としての展示目的を持った首長墓の築造は、直截には同族意識の確認、即ち今日称するところの郷土の確認を展示意図とするものであり、初源展示の一形態と看取されるものである。中でも、形象埴輪の配列は、ある一定の展示意図に基づく配列と見做されるところからも、展示における配列様式と把握でき得るのである。

## わが国最初の完成された展示

　寺院の原型は、紀元前5〜6世紀のインド仏陀時代に仏教僧が止住した精舎であるとされている。一説によると、わが国へは宣化天皇3年（538）、百済の聖明王からはじめて仏像と経論が伝えられ、この献上された仏像を、蘇我稲目が大和・向原の地に所在した自邸に安置して寺としたものが、わが国の寺院の濫觴であるという。その後、改新政治などを経て、寺院は国家統治の機関と定められ、国家目的に合致する寺院のみが保護された。天武天皇9年（680）に至っては官大寺の制が定められたことにより、大伽藍の発生をここに見ることになったのである。

　一般に七堂伽藍と呼称される寺院における建造物は、正門である南大門、伽藍の中心である本尊を安置する金堂、学問を講じ法会を営む講堂、仏舎利を納める塔、経巻を納める経倉、寺宝を保管する正倉、僧が居住する僧坊・食堂などからなる。これら伽藍の配置も様式に則ったものであるところからも展示行為の所産とも看取されるのであるが、仏教における明確な展示は金堂内陣に見出すことができるのである。

　つまり、金堂に一歩入ると薄暗い内陣中央には、鮮やかな赤や緑に着彩された蓮華台の上に、金色に輝くまばゆいばかりに鍍金あるいは金箔が施された本尊が安置されている。天井からは鍍金された多数の瓔珞を付置した天蓋や同じく鍍金された堤燈籠が懸垂し、長押には華鬘・幡のいずれもが金色に鍍金さ

れ、また幡の中でも玉幡は瑪瑙・瑠璃・玻璃・水晶などの光り輝く宝玉を連ねたものであった。本尊の前には、花瓶・燭台・香炉などの五具足が配置され金糸を織り込んだ錦に覆われた護摩壇上には、各種の什器が設えられており、これらのいずれもが鍍金された金銅製品である。高座をはじめ各所には、やはり鍍金された各種の飾り金具が施され、高座のそばにはこれもまた光り輝く磬や堯子が配置されていた。また、壁には各種の荘厳具や極彩色の仏画が描かれていた。さらには、日本人の記憶にない香を炊き、未だかつて聞いたこともない楽器を奏でたのであった。

つまり、日本仏教は民衆に対し種々の道具を媒体として贅と演出の限りを尽くし、仏の世界を展示により実現したのであった。したがって、民衆は金堂へ一歩入ることにより、此岸から彼岸へ移行することで安堵を得たのである。

故に既に明確であるように、金堂内陣は教義の布教を目的とした意図に基づき、民衆を対象とする完成された展示であったといっても過言ではなかろう。

さらに、本展示は説示型展示であり、構造展示であり、また明確な動態展示でもあったと考えられる。説示型展示、構造展示である点に関しては、もはや説明するまでもないであろうが、動態展示である理由は次の如くである。

即ち、内陣に設えられたすべての仏具や荘厳具に、煌びやかな鍍金や金箔が施されている点である。このことは仏の世界の豊かさを伝えることを目的とするものであろうが、それと相俟って薄暗い内陣の無風の中で僅かに揺らぐ灯心より発する光明が、すべての鍍金面にゆらゆらと反射することにより所謂金波をなし、静謐の中に生じた動きが展示効果を倍増させたと考えられるのである。したがって、本展示こそが日本人が初めて成し得た動態展示の濫觴と結論づけられるのである。

## 展示施設のはじまり

常設の展示施設の祖型として、絵馬殿（絵馬堂・額堂）と舞台を忘れてはならない。絵馬殿は、絵馬の保存を唯一の目的とする施設ではなく、参詣者を主とする明らかなる展示施設であると看取されるのである。その理由としては、わが国の絵馬殿を代表する京都の北野天満宮絵馬堂や讃岐の金刀比羅宮絵馬堂などのいずれの絵馬堂の建築構造をとって見ても、四方吹放ちの構造なのである。

第 1 章　展示の概念

　つまり、蔵はもとより通常の日本建築の構造上の常である建造物内の空間を確保するための、四囲を取りまく壁面が構築されていないことである。即ち、誰でもが自由に出入りできる建造物であるところから、とうてい保管施設としてはその任を果たさず、逆に一般に開放することを目的とした展示施設と言えるのである。

　江戸時代後期、伊勢神宮に次いでわが国で2番目に参詣人数を誇った金刀比羅宮の絵馬堂を例にとれば、円山応瑞・谷文晁・狩野尚信・左甚五郎・森狙仙等々をはじめとする当該期著名の絵師による作品が遺存していることからも、絵馬堂は絵師の作品公開の場であったことが窺い知れるのである。

　また、一方で千葉県の成田山新勝寺の額堂や奈良県の長谷寺の舞台等々に遺存する絵馬を掲げた絵師は、前述の金刀比羅宮や北野天満宮に遺存する絵馬を描いた絵師の大半が当時において既に名のある絵師であったのに対し、無名の絵師が多いことを共通特性とする。このことは、参詣者の多寡により形成され

成田山新勝寺額堂

同内部の展示状況

奈良県長谷寺の舞台

同内部の展示状況

る展示空間の規模に比例するものと看取されよう。すなわち、展示を実施するには見る人がいなければならないのである。

　立ち返り、近世の絵馬殿は展示を唯一最大の目的とする展示施設であり、美術館の祖形態であったと考えられるのである。

　次いでまた、江戸時代には都市人口の集中に基づく展示空間が各所に出現し、各種の展示を生むこととなった。今日の秘仏展である出開帳・居開帳を核として、これに付帯する百花繚乱とも形容し得る各種の見世物の発生を見たことは、斉藤月吟による『武江年表』などからも窺い知れる。見世物のいずれもが、極めて娯楽性の強い展示であったことは確認するまでもないが、空前の殷賑を極め、当初は出開帳・居開帳の展示空間を借りたものであったのに対し、いつの間にか主客転倒するまでになり、見世物は展示として一人歩きするまでとなった。展示とは娯楽性を如何に必要とするものかを示唆する、歴史的事例であろう。

## 料理と博物館展示

　展示には意図による配列があると同様に、料理においても前菜に始まりデザートに終わるといった配列がある。また、鯛が食材であった場合でも、刺身、焼く、煮る、揚げる、すり身にするなど種々の調理法があり、これは展示のいわゆる切り口に相当するものである。つまり、展示の主旨である。次に、盛り付けは展示の手法に相当する。先ず盛り付けを行う皿や椀の形・色・絵柄の選択は、ケースの形状や演示具の形状及び色彩の選択に匹敵するであろうし、さらにたとえば刺身の場合であれば、つま・青紫蘇・蓼・菊花・柚等々は、核となる実物資料の内蔵する情報を引き立たせるパネルであったり、トライビジョン、映像、比較模型等々に相当するものである。

　この場合でも明確であるように、当該食材に見合った美しい容器を使用し、つまや青紫蘇でどんなに豪華に盛り付けられていても肝心の食材が新鮮でなかったり、刺身が僅か一切れしかなかった場合は十分な満足感を得ることができないように、博物館展示においても同じなのである。料理の基本は優秀な食材が必要であると同様に、博物館展示には優秀な資料が必要であることを忘れてはならないのである。天然の尾頭つきの鯛の塩焼きであれば添え物はさして不

展示意識の強い日本料理

要であるように、極めて優秀な資料であれば提示だけで人を十分魅了することができるのである。

さらにまた、調味料は照明計画であろうし、基本理念に立ち返れば、料理は人の目を楽しませることにより食欲の増進を企てることを目的とすると看取されると同様に、博物館展示も見る者にとって楽しく受け入れられることが、情報伝達の増進につながるのである。また、博物館展示は研究成果の結晶であり、発表の場であるように、料理も料理人の日頃の鍛錬の成果であり、また発表の場でもあることに違いなかろう。ただ、これだけ近似する中にあって両者の大きな相違点は、料理は一過性であるのに対し、展示は最低10年あるいはそれ以上継続させねばならないことである。

註
1) 青木　豊　2003『博物館展示の研究』雄山閣
2) 油井　隆　1986『展示学』電通

# 博物館展示論史

## 博物館展示の命題

次に、前田不二三が記した「學の展覽會か物の展覽會か」の博物館展示の命題に関して正鵠を射た名言が思い起こされる。これは明治37年（1904）に人類学者坪井正五郎が中心となり、東京帝國大學人類學教室が主催した「人類學標本展覽會」に際し、やはり人類学者であった前田不二三が記した『東京人類學雑誌』に発表した論文に冠したタイトルである。

つまり、今日でも博物館展示の命題とも言えるが、広義の展示の中でも博物館展示にのみ介在する、要求される基本要素であるところの博物館展示とは「ものを見せる」「もので見せる」、あるいは「ものを語る」「もので語る」といった博物館展示の根源に関する点に着眼した最初の論文である。

この前田不二三に始まる当該展示に関する命題は、博物館学設立から1世紀以上を経た今日に至るまでは勿論のこと、今日に至っても数多くの博物館学研究者より論議され続けているのである。先ず、前田不二三は次の如く記している[1]。

> 學の展覽會か物の展覽會かといふ問は、言ひ換へれば學術の展覽會であるか、學術資料たる物そのものゝ展覽會であるかといふ事である。此事は問ふまでもなく知れきつて居るやうであるが、更に一考して見ると少しわからなくなつて來る。實際において、今回の展覽會の如きものは、人類學の展覽會であるのか、或は又、人類學といふものは此の如き材料から歸納的に研究するものである、而して其材料は此の如きものであると云つて、材料そのものを世人に見せる爲めであるか、先生はじめ其他の関係の諸君には無論初めから一定の考へを有せられたに相違ないけれども、私は愚に

も第二日目の午後になつてからふと脳裡に此問題が沸いて来た、大變に遲かつた。既に表題が人類學展覽會となつて居るから、無論學の展覽會であると斯う云はる丶人があるかも知らぬが、由來此の如き事は其表題たる名稱によつて論ずる事は出來ないものであるから、表題は然うなつて居つても、或は物の展覽會かも知らない。（中略）

されば私は人類學の展覽會はどうしても學の展覽會でなければならぬ、と斯う信ずる、今回も第一室の如きものを設けておかれたのは、矢張學としての展覽會の方針であつたからであらうと思ふ。配列があの樣になつて居つたのも矢張其の爲めであらうと思ふ。配列を横の何にする縦は何にすると云ふ事は最も學としての目的に適つた事である。

　前田不二三は以上の如く記し、東京帝國大學で開催されたわが国で最初の人類學の特別展示に関し、展示の命題であるところの「ものを見せる」のか、「もので見せる」のかという点、即ち、博物館展示の命題（以下この点を博物館展示の命題と称する）に逸早く着眼した人物であり、そして前田自身が当該問題に関し逡巡する中で「情的展覽會」と「智的展覽會」なる呼称を持って展示を区別し、前田は情的展覧会であるところの美術資料の展示を除いては、「學の展示」でなければならないと決定づけている。

　つまり、「もので見せる」、「ものをして語らしめる」展示であらねばならないと、当展覧会を実践する中で結論づけたのである。

　前田の称する「學の展示」とは、言い換えればある一定の思想・史観に基づく展示の必要性を述べたものであり、博物館展示の命題と言えるものであったのである。時に、明治37年のことである。

## 明治時代中期の展示論

**坪井正五郎の博物館学思想**　坪井正五郎26歳、明治22年（1889）5月から明治25年10月までの3年余り、人類学研究の目的で当時人類学研究の中心であったパリに官費留学したことは、周知の通りである。しかし、学際的で広範な視座に立つ坪井にとっての仏英の人類学は、余りに未熟なものに思えたのであろう。大学にも属さず、博物館を唯一の研究の場として自学自習を行うなかで、その内容は博物館学展示論・資料論にも及んだ。わが国最初の学術の展示

論者であったと言えよう。

　既に秋山某は、大正4年（1915）に博物館展示の不具合について次の如く厳しく批判を記しているのである[2]。

　　陳列の方法、目録説明の作製なぞ、殆一つとして吾人の満足を與へたものはない。勿論中にはその展覧會の性質が系統あり、組織ある陳列法を取るを要しないものもないではないが、かゝるものは、陳列されたものは如何に貴重であっても展覧會の形式としては最適級なものたるを免れぬ。陳列方法に於て國内の模範となるべき筈の博物館すら、觀覧者に纏った知識を與へるだけの、何等の系統も組織も備えてゐない我國の現在に於て、展覧會の陳列方法を云々するのは、故は責むる方の買被りかも知れない。

**仏英留学地での博物館学思想の発露**　坪井の博物館学思想、中でも博物館展示論を代表する論著として「パリー通信」[3]がある。これは展示論の中でも博物館展示の配列に関する必要性と考え方を明示した論文で、わが国での博物館展示論の濫觴となる理論展開であった。

　つまり、博物館展示の命題は、資料をただ見せるといった直截なものではなく、資料が内蔵する資料の背後に潜む情報を研究という形で抽出し、資料を通して紡ぎ出した研究の成果、即ち情報を見学者に伝達することである。

　したがって、提示型展示であるところの羅列は、学術情報伝達を目的とする展示ではないのである。当該情報を具体的に展示という形で表現するにあたっては、当然ながら見せる順序、即ちある一定の意図に基づく配列が自ずと発生するであろうし、またそれは展示の基本として不可避な要件なのである。換言すれば展示の配列こそが、博物館展示に於ける具体的展示の意図の表現の第一歩であり、配列により展示意図が生ずるのではなく、展示の意図により展示資料の配列は、自ずと浮上してこなければならないのである。

　当時文化の先進地であったパリにあっても誰もが理解し得なかったのであろうこの展示の基本理論点を坪井は、簡単明瞭に指摘したのであった。明治22年（1889）開催のパリ万国博覧会でのフランスの人類学展示に「パリー通信」の全文を通して正鵠を射た批評を加えたものであるが、要点のみを記すと次の如くである。

　　萬國博覽會人類學部物品陳列の評、棚の片隅に鉢植えの五葉松有り次に

藁にて根を包みたる萬年青あり次に鉢植えのサボテン有り次に又鉢植えの五葉松有り其隣に石菖の水盤有り其下に石臺に植たる柘榴有り其隣にヘゴに着けたる忍草有り其隣に根こぎにしたる夏菊有り、一千八百八十九年パリー府開設萬國博覽會人類學部物品陳列の模樣は之に似たる所無しと云ふ可からず、緣日商人の植木棚に似たる所無しと云ふ可からず嗚呼、パリーは人類學の中心とも言はるゝ地に非ずや、（中略）專門家の爲に作つたのなら取調べ上の不便言ふべからず專門外家外の人の爲めに作つたのなら斯學の主意を解する事難し何れにしても陳列法宜きを得たりとは決して言ふ能はず骨董會とか好事會とか言ふものなら深く咎めるにも及ばず一千八百八十九年パリー開設万國博覽會人類學部としては實に不出來と言はざるを得ず（中略）

　三月の雛にも飾り方有り、五月の幟にも建て方有り繪の順が好ければ讀まなくとも草双紙の作意は大概推量出來るものなり千字文を截り離して投げ出しては讀み得る者幾人かある、當局者は斯道の學者なり必此陳列法を以て充分なものとは信じて居られぬならん、信じて居られる筈が無し、熟ら不都合なる陳列の現はれた原因を考ふるに全く室の都合、棚の都合、箱の都合右左相對前後照應杯と云ふ所に在る樣なり、物品は本なり、入れ物は末なり、入れ物の形狀大小の爲めに物品陳列の法を曲げたるとは吳々も、殘念なる次第ならずや私は物品の好く集まつたのには感服します、列べ方の好く無いのは遺憾に思ひます、緣日商人の植木棚の草木の樣で無く理學的の植物園の草木の樣に是等の物品が順序好く列べて有つたならば人類學部設置の功は更に大でござりましたらうに遺憾なる哉、遺憾なる哉。

日本文化の中の展示意識の強さの發露を見い出すと同時に、明治人の面目躍如に溜飲が下がる思いすら感ずる。坪井は、確固たる展示命題を保有する中で、命題より發生する展示の配列、即ち展示の意図と目的に基づく配列の必要性について言及しているのである。パリ万国博覧会人類学部物品陳列の展示が、人類学の研究成果による何らの意図的分類と配列がなされず、その展示状況はまさに「緣日商人の植木棚の草木」の如くとし、さらに展示上の配列の必要性については「三月の雛にも飾り方有り、五月の幟にも建て方有り繪の順が好ければ讀まなくとも草双紙の作意は大概推量出來るものなり」と的確なまで

の例をあげ、展示の基本論を展開したのであった。明治22年のことである。

さらに坪井は、大英博物館の展示と分類に至っても厳しい批判を「ロンドン通信」[4]で行っているのである。

> 私は世界に名を轟したるブルチッシ、ミュージアムにして斯く不道理な分類を用ゐるは何の故たるを解す事が出來ません、（中略）
>
> エドワード、エ、ボンド氏（プリンシパル、ライブラリヤン）は案内書諸言の末に於て「……蒐集品は物好きや一時の慰みの爲に示して有るのでは無く工藝と考古學とに益の有る様にとて示して有るので有る……」と書かれましたが之又私の疑ふ所でござります、

美術工芸資料に於ては有る程度は許容されるであろうが、学術資料の分類なき研究は有り得ず、その結果である展示に於いても分類なき展示は有り得ないのである。何故なら展示とはある一定の意図、考え方に基づく情報伝達行為であるからであり、分類が不具合であること自体が、情報伝達を目的とする展示が不充分であり、抜本的な研究に於いても不具合である点を坪井は指摘したのであった。諄いようであるが、1890年、明治23年のことである。

**坪井正五郎の展示技術論**　基本的に、坪井が考える博物館の概念は、「戰後事業の一としての人類學的博物館設立」[5]に下記のごとく明確に記されている。

> 博物館とは何か。或る人々は種々の物品の類に従って陳列して有る所と答えるで有りませう。博物館果たして物品陳列場たるに過ぎざるか。
>
> （第一）標本の選擇と其配列とに意を用ゐ説明と相應じて、見る人をして親切なる師に就いて教科書を讀むが如き感有らしむる事。
>
> （第二）餘分の標本を貯へ置き、篤志家をして自由に研究材料を手にせしむる事。
>
> （第三）學術上歴史上或は價格上貴重品を保存し置き、來觀者をして之を親視する便を得せしむる事。
>
> 是等の働きが有って始めて故らに作った博物館と稱する事が出來る。

このような、確固とした博物館に対する理念に基づき後述するところの展示論が展開されたのである。

坪井は、明治32年（1899）に「土俗的標本の蒐集と陳列とに關する意見」[6]と題する論文で、博物館展示技術論を展開したのであった。展示技術論、即ち

展示工学に関する論文は、勿論のことながらわが国初の快挙であったことはいうまでもない。当該論文で著されている技術論は、前述の如く確かな展示理論に基づく技法であったことは確認するまでもなく、理論・技術学ともにわが国の博物館展示に於ける先駆けであるところから、わが国の"博物館展示学の父"と尊称するに価する人物であることが窺い知れるのである。以下、当該論文の要所のみを記すと下記の通りである。

　　事の順序としては標本蒐集が標本陳列に先だつ事勿論でござりますが、物を集めるに当つては何とか主義を立てゝ置くのが必要で、此主義と云ふものは其物を何にするかと云ふ目的に由つて定まるものでござります。今述べやうと云ふのは、土俗的標本を人類學上の役に立てる様に陳列するには、如何にしたら宜からうか、随つて此目的に適ふ様に標本を集めるには如何に心掛けたら宜からうかと云ふ事でござります。（中略）

　　假りに衣服の原料が木の皮を裂いて織り上げた物で有るとすれば、先づ其木の皮の小片を板の一部に括り付け何樹の皮と云ふ事を明記し、其一端を裂き掛けて置き、其脇に此皮から製した糸を添へ、裂き掛けの部と此糸とを色糸で連續させ、更に色糸を機織りの寫眞か圖畵かへ引き付け、若し機織り道具が有るならば、夫れ等をも適宜に板へ括り付けて、各器具と寫眞或は圖畵中の其物とを例の色糸で繋ぎ合はせて置く。機織り道具の大に過ぎた場合には縮小模造を以て之に代へるが宜し。寫眞或は圖畵中織り上げに成つた所の示して有る部からは又色糸を引き出して實際に織り上げた布の小片に結び付けて置く。彼様に述べ來つたら他は一々申さずとも類推出來ませう。成る可く文字を書かず、出來る丈解説を省いて、しかも多くの文字を列ね長い説明を添へたよりも理解し易く仕やうと云ふのが、此陳列法の意でござります。（中略）

　　衣服器具は必しも完全な物を持つて來るには及ばない。寫眞か圖畵が有れば實物は其質を示す丈の小片でも澤山で有る。住居構造の諸部分は小片でも好いから成る可く取つて來るが宜しい。固より完全な物が十分に揃へば夫れに越した事はござりませんが、或る一つの完全な物を得ん が爲に他の物が整はないと云ふ様な事が有つては誠に遺憾でござります。土俗的標本蒐集に際しては常に摘要の二字を忘れない様に致度いのでご

ざります。

　坪井は先ず基本機能であるところの資料の収集は、確固たる目的がなければならないとし、中でも抜本的目的は展示であることを断じたのであった。これは、人類学の情報伝達に於ける補助資料としての土俗資料について述べたものであるが、その展示を意図した学際的思考には驚くべきものがあると言えよう。

　現在でも、まだまだ資料を見せるのみの提示型展示が一般的であるのに対し、明治32年の時点で坪井の意図する展示は、あくまでも資料を見せるのではなく二次資料を活用し、資料で情報を伝える説示型展示を意図している点に驚愕すら覚えるのである。

**坪井正五郎が実施した展示**　坪井は、明治19年（1886）9月に人類学研究の目的で大学院に入学した。このことを機に、かつてエドワード.S.モースが発掘した大森貝塚出土資料等々を展示していた標本室を担当することとなり、この折に坪井自身が今まで収集して来た資料等々をも含め、新たに陳列場を設置したと記している。最初は一ツ橋外の倉庫を利用したものであり、次いで本郷の大学構内の一室に転じ、ここで人類学標本を天覧に供し、「無位無官の一書生たる身を以て咫尺に奉るの栄を得たり。」と『坪井正五郎小伝』[7]に明記している。坪井23歳のことである。幼少期からの展示意図は、ここで学術の展示として結実したのであった。

　以上のような経験を踏まえてであろうが、坪井は帰朝後の明治37年に、東京帝國大學人類學標本展覽會を企画、実施するのであって、それは坪井の人類学とその啓蒙を目的とする展示理論の実施であり、また集大成であったと見做せるのである。

　この展示の構想と実施結果は、「人類學標本展覽會開催趣旨設計及び効果」と題する論文にまとめてある[8]。論題からも明確であるように、展示そのものについて具体的に著した論文としては勿論のこと、内容はわが国の嚆矢を成すもので

**人類學教室標本展覧会風景**
（『東京人類學會雑誌』第19巻第219号より）

あった点でも評価しなければならない。

そこには、端緒・方針・配置・分擔・準備・開場・説明・結果・希望の節をなし、細かく本展示について記されている。内容的には、充分なる構想に基づく資料の配列、展示室の構成が実施されているのである。配列により生ずる動線計画も充分に考慮されたものであったことは挿図からも十分に読みとれる。展示の基本導線は左回りに展開されていることにも驚くばかりであるし、所謂掛図等々の二次資料の活用にも言及されている。

さらには、休憩コーナーを設けると同時に、当該展示の延長上の人類学関係の絵はがき等々を設置するなど、今日の博物館展示と何らの遜色なきものと看取される。坪井の思考の中には「博物館学」なる学術名称こそなかったにしろ、既に博物館展示論を核とする博物館学については完成していたと見做せるのである。

さらに重要なことは、前項で記した坪井の弟子であった前田不二三に博物館学思想が継承され、前田は、「學の展覧會か物の展覧會か」[1]と題する論文を著し、その中でわが国初の展示命題論を展開し、「情的展覧會」「智的展覧會」なる呼称をもって展示を区別し、情的展覧會の美術資料の展示を除いては學の展示でなければならないと決定づけたのであった。

つまり、「ものを見せる」のではなく、「ものを伝える」展示であらねばならないと結論づけたのであったが、当然ながら当該思想は坪井により醸成されたことは確認するまでもない。

## 博物館における展示とは

木場一夫は『新しい博物館』[9]の中で博物館展示について次の如く記している。

> 中核的機能は展示であって、ある特別の場合、たとえば大学付属の腊葉館や学校に資料を貸出す仕事を専門とする学校システム博物館などを除けば、いずれの博物館も展示とそれにつなげる仕事が博物館の重要な責務となっているといってよい。（中略）
>
> いま自然博物館を例にとれば、先に述べた資料蒐集・研究・出版の三つの段階はこの展示の階段にとって予備的なもので、完成した標本の展示は、前の三つの段階で蓄積されたすべての知識の結合したものと考えてよい。

博物館においては、これら四つの段階が、無理なくむすばれていることにおいて、ことに展示が教育における本質的な部門である事によって、大学や研究所と違った特別な使命と機能とを果たすことができるのである。
　木場は博物館における展示とは、博物館諸機能の中での中核であり、したがって、展示機能こそが博物館を大学や他の教育機関と区別し、決定づける最大の機能分野であると断定しているのである。さらには、展示は博物館諸機能を集大成したものであって、資料の蒐集・研究・出版は展示を形成するための予備的な機能であるとすら言い切り、博物館イコール展示といった、博物館の諸機能を視座に置いた中での展示の基本概念を明示したのであった。木場の博物館機能形態上における展示の基本概念は、大略として肯定でき得るものである。事実、今日わが国において存在する博物館を観察した場合、館蔵資料や資料収集機能を持たない博物館や資料保管・保存機能を有さない博物館、さらには研究を伴わない博物館は多数存在しているにもかかわらず、博物館と称される施設でその内容はともかくとしていわゆる展示のない、展示施設のない博物館はさすがに存在しないところからも、展示とは対外的には博物館の顔であると断定でき得る最大の機能であり、博物館を決定づける要素であると言えよう。故に、展示の良し悪しが直ちに博物館の優劣を決定する最大の要因ともなるものであり、「博物館」イコール「展示」といった公式は否定できるものではないと考えられる。
　広義の展示の一つに位置づけられる博物館展示の要件は、当然ながら広義の展示の場合と基盤を同一にする。再度記すと、①注意の喚起、②一定の意図に基づく目的のある標示、③展示参加者に受益、④展示者と展示に参加する者の同時併存、⑤視覚のみではない展示法、⑥限定された展示対象、の6項目である。
　いずれもが、博物館展示の基本をなすものであり、中でも①〜③が要点である。つまり、植物が花を咲かせ、赤い実をつけると同様に博物館展示にも、展示品の前を通り過ぎようとする見学者の足を止め、展示の熟視を目的とする注意の喚起要素を織り込むことが必要である。次いで、草花の開花は受粉を目的とした展示であるように、展示にはある一定の意図に基づく情報伝達（コミュニケーション）がなければならない。即ち、展示意図の介在しない展示は展示ではないのである。

次いで、最も重要な要件である展示に参加する者の受益に関しては、広義の展示のいずれの受益は鮮明であるのに対し、博物館展示のそれは学術情報の伝達による"驚きと発見"と言った知的欲求の充足、あるいは美的な資料の鑑賞による癒し、やすらぎと言った見学者各個人の感覚に左右される漠然とした受益であることを特徴とする。この受益の不鮮明さが、博物館展示を難解なものとしていると言えよう。

　したがって、当該部分の鮮明化と強化が重要課題であることは言うまでもなく、博物館展示に参加する利用者にとっての多元的な満足感が増大すれば、集客能力は自ずと高まるはずである。

　つまり、第一義的には優秀な資料と利用者を満足させるに十分な展示の意図が必要なのである。

**展示コミュニケーション論**　昭和 25 年（1950）の G. B. グード（George Brown Goode）の『博物館理念』を咀嚼吸収し、博物館学の祖と尊称される棚橋源太郎による博物館展示論の展開と、昭和 26 年の博物館法制定から 60 余年を経た現在、展示の理論研究はともかく展示技術は飛躍的な進歩を遂げたことは周知の通りである。中でも展示技術に大きな変革が訪れたのは 1970〜1980 年代で、まさに日進月歩とも言える勢いであった。

　当時の急激な変化に対し、昭和 56 年に新井重三は次の如く述べている[10]。

　　　栗原治夫の言葉を借りるまでもなく、言語学を知らなくとも言語を使用することは出来る。同じように、展示の理論を知らなくとも展示することは可能であるかも知れない。その故か、展示あって展示学なしの時代が比較的長く続いて来たように思われる。

　栗原が展示理論の不在を記載した頃には、既に本兆候は蔓延していた故の指摘であり、その後今日に至るまでの間は展示技術が進展する一方で、展示理論の空洞化はさらなる拍車がかかったものと看取されるのである。

　しかし、このことは博物館学における展示論のみに認められる現象ではなく、医学と臨床医学にも代表されるごとく、大半の学問分野に共通する 20 世紀後半期における時代性といっても過言ではなかろう。

　この急速に進展する展示技術を追随するとも表現できる形で、展示理論は徐々に形成され、昭和 57 年（1982）に展示学会が設立され「展示学」という

旗をかかげて展示を「学」として体系づけようとする理念が出現するに至り、展示は従来の博物館における展示に留まるのではなく、商業展示等々と並列する、よりグローバルな土俵の上での仕切り直しを必要とする時期に突入し、現在に至っているのである。

本時流の中にあって、博物館の命題である「展示とは何か」を思考するなかで「展示コミュニケーション論」を述べることとする。

先ず、展示コミュニケーション論に至る展示論の変遷を概観するにあたり、前述した木場の理論を再度記すと次のとおりである。

昭和24年（1949）、木場一夫は『新しい博物館』[9]の中で、先ず博物館における展示は博物館諸機能の中での中核であり、したがって展示機能こそが博物館を大学や他の研究機関と区別する最大の機能分野であると断定し、さらに展示は博物館諸機能を集大成したもので、資料の収集・研究・出版は展示の予備的な機能であるとすら言い切り、博物館イコール展示といった公式を打ち立てていると看取される。

また、一般社会と博物館を結びつける要点は展示品を興味深く展示することであると記し、アメリカの自然史博物館の展示例を多数紹介し、見る者を魅了する展示を追究したのであった。特質的な点は、展示資料を教授的なものと審美的なものに二分割している点であった。この点は、前田不二三が明治37年（1904）に「學の展覽會か物の展覽會か」[1]と題する論文で、「智的展覽會」「情的展覽會」に用語を置換した上で、踏襲したものであった。

昭和25年（1950）に博物館学の祖棚橋源太郎は、現代博物館における博物館展示の基本理念について、今日博物館学の宝典とも称されるその著『博物館学綱要』[11]において歴史博物館や科学館といった専門領域の差違に基づき、それぞれが決して鑑賞展示と教育展示に専有しなければならないものではなく、博物館展示にはその両者が必要であると断定したのであった。

次いで、博物館展示を教育に位置づけ、理論展開を試みたのは鶴田総一郎で、昭和31年（1956）『博物館学入門』[12]の中で、展示を教育普及法の第1項に設定した。展示教育論とも呼べる鶴田理論は多くの研究者の同調を得、今日まで受けつがれている理論となっている。

昭和46年（1971）に倉田公裕・加藤有次[13]は、鶴田理論を支持すると同時

に展示は教育活動の中核であると定義づけて、下記の如く記している。

　　ひとくちに博物館といってもその機能と性格は広い分野にわたって異なったものがあるから展示活動もまた一様の性格では済まされない。しかしながら展示活動はすべての博物館に共通する為であって、一般大衆を対象としたものにしろ特殊な専門家を対象としたものにしろ、博物館の教育活動の中核をなすものである（中略）

　　博物館の展示がいやしくも科学的な学問の問題とかかわりを持ち、それを反映するものであるなら、この展示に科学的な基礎がなければならない事は明白である。博物館展示の性格及びその科学的基礎に関する意見はさまざまであって、すべて注目に値するものである。その場合、博物館展示の科学的性格の問題を過度に単純化してはならない。すべての博物館展示がどうしても研究を必要とする説は確かに正しくないのであるが、他方それが科学的な準備を必要とすること、その科学的基礎を否定することができないこともまた同様に確実なのである。

展示活動と研究活動の関係、博物館展示の科学的必要性を打ち出し、展示の科学的性格を定義したことは、展示を「学」として高揚させる台頭とも理解できるものであった。

　さらに倉田公裕は、「展示は単なる「もの」の陳列ではなく、「ひろげて示す」ことであり、そこには人に積極的に見せようとする意識があり、コミュニケーションの一つである。」と定義したとおり、展示とは意味と目的を持った配列を指し示し、積極的に見学者に見せる働きかけをする行為であり、展示資料を媒体とした視覚による展示意図、すなわち資料の有する学術情報伝達を目的とする情報伝達の一形態であると「展示コミュニケーション論」を明確にしたのであった。

　「展示コミュニケーション論」における展示とは、情報伝達の一手段とする捉え方であった。つまり、展示は言語・文字に代表される情報伝達方法と同等の情報伝達手段に位置づけたのであった。

　ただこの場合の展示は、前田不二三による「智的展覽會」・鶴田総一郎の「教育展示」に限定される説示展示である。

　つまり、自然界における展示は勿論のこと博物館展示を除く人間社会のすべ

ての展示にはかならず展示の目的があり、そこには明確な意図が存在しているのである。目的は意図によって決定されることは確認するまでもない。したがって、ある一定の意図に基づく展示でなければ、そこに伝達する情報は存在できないのである。

　この情報を伝達する展示、コミュニケーションとしての展示の理論・方法・技術を博物館は研究しなければならないのである。この点は、「博物館法」第3条（博物館の事業）五項に、「博物館資料の保管及び展示等に関する技術的研究を行うこと。」と明示されているように広く展示について専門的に、博物館は研究しなければならないのである。研究の成果に基づくコミュニケーションとしての展示が実践されれば、博物館展示は見る人を魅了する展示へと変容するものと考えられる。そうした場合、そこには縄文土器片の羅列や民具の羅列もなくなるであろう。

**博物館展示の分類**　自然界における広義の展示にも種々の形態が存在することは前述のとおりであり、ましてや人間社会に展開される展示には錯綜感すら覚える多数の展示が存在していることも確認した通りである。ここで言う多数の展示とは、その形態上での異なりであることは言うまでもない。

　また、そこには1形態で成立している展示もあれば、2形態・3形態の展示形態が重複し完成している展示もある。さらに博物館展示では、専門領域である学術内容に軸足を置いた展示が基本であるのだが、当該資料の性格、内容、規模等に拠って必ずしもそうでない展示も多数存在している。

　これらの展示も"展示"と一般的にも本稿でも記しているが、表現上での展示であって厳密には展示ではなく羅列である点をご承知願いたい。

　つまり、"羅列"という非展示を展示の1形態であるとする位置づけである。しかし、羅列の語意は、列ね並べるであるから意図の介在があることが窺え、不的確となることも予想している。そうした場合、配列に関しての意図を持たない用語が見当たらなく、羅列を使用している次第である。

　非展示状態を意図的に表す目的で使用された用語ではないが、展示を表現する展示史上での用語として"納置"・"置く"がある。"納置"なる用語は、万延元年（1860）に日米修好通商条約批准を目的とした遣米使節団の通詞であった名村五八郎が記した『亜行日記』の中で下記の如く使用が認められる[14]。

> 当初博物館ニ至リ、其掛リ官吏ニ面会諸物一見ス。此内ニハ万国ノ鳥獣
> 氎介海草類、其内部ヲ抜出シ、全体ノ侭玻璃中ニ<u>納置</u>アリ、羽毛ノ彩色モ
> 変セス（傍線筆者、以下同様）

続いて、"置く"なる用語の使用は、同じく使節団の団員であった佐野貞輔鼎による『訪米日記』にその用例を見いだすことが出来る[15]。

> 或いは肉を抜き乾かし、または焼酎漬などになし、硝子壜に入れ、ま
> た大いなるものは戸棚を設けて其の中に<u>置き</u>、玻璃障子を以って閉じな
> どする。また一棚あり、悉く我が国の物品のみを<u>置き</u>、先年水師提督ペ
> ルリに賜りたる無文の熨斗目、婦人の内掛、白無垢の下着等、衣服の類
> を多く集む。

同じ使用例は、遣米使節団の副使であった村垣淡路守範正の『遣米日記』にも認められるところから、博物館での所謂展示を指す用語としての基本は"置く"・"納置"であることが窺い知れる、したがって、羅列より"置く"・"納置"が適切であるかとも考えられるが、展示用語として使用するのには余りに隔たりがあるとも思われるところから、正鵠を射た呼称ではないと疑問を持ちつつ羅列を使用しているのが現状である。

次いでまた、博物館界で一般的となっている展示名称である歴史展示・総合展示・構造展示・生態展示等々においても、専門領域や博物館関係者によっても具体的内容が異なっていることが事実なのである。このことは、博物館展示の体系化のためにも統一を要する案件であると考えるものである。かかる状況に現在あるのは、一口に言えば博物館学の未発達が最大の原因であり、永らく事典や用語集等の基本文献が整備されてこなかったことに起因するものと指摘できよう。

展示の分類は、以前別著[16]で記した分類を再度採用している。本分類もまだまだ不十分であることは承知しているが、現在筆者が考える基本的な分類基準での展示の形態は、次表のごとくであり、分類基準とその概要について記すと以下の通りである。

①資料の基本的性格による分類

　　資料の基本的性格とは、資料が製作された時点での目的による分類であり、鑑賞を目的とする美術工芸資料であるか否かによる区別である。

②展示の意図の有無による分類

　博物館展示に限らず展示は、ある一定の考え方に基づく情報の伝達であることは前述してきた通りであり、展示意図の有無により分類するものである。そうした場合、「①資料の基本的性格による分類」による提示型展示も展示の意図の介在なきものとして、本来はここでの分類配架となる。しかし、美術工芸資料は制作者が他の人に見せることを目的に制作した作品であるところから、別の意味での展示意図が介在していると考え、本分類に提示型展示は含めないものである。

③展示の学術的視座による分類

　未だ統一された考え方のない総合展示を、博物館学的方法である総合学術的視座による研究の成果の伝達こそが、総合展示であるとする考え方による分類である。

④見学者の展示への参加の有無による分類

　博物館展示は、広義の展示形態の多くがそうであるのと同様に、一般に見学者にとって受動態であることを常とする。ただ厳密には展示を視覚により見る行為自体も見学者にとっては能動態とも言えようが、展示の基本である視覚認知は展示を見る者にとってこの場合、自然の受動態行為であると言えよう。

　この受動態に対する能動態とに分類するものである。

⑤展示の動感の有無による分類

　博物館展示は、一般に「時間を止めている」と揶揄される如く、静止状態であるのが常である。この静止に対する動態、動感により区分する分類である。

⑥資料の配列法による分類

　展示における資料の配列は、意図の表れである。展示意図がある限り、必ず何らかの並べる順序であるところの配列が自然と発生する。また、発生しなければならない。この配列こそが、見せる順序であり、展示のストーリーである。したがって、展示意図の直截な具現が配列なのである。表では省略しているが、展示のストーリーが介在しない配列は羅列である。

⑦資料の組み合わせによる分類

## 博物館展示の分類表

| 展示の分類基準 | 展示の形態 |
|---|---|
| ① 資料の基本的性格による分類 | 提示型展示（Presentasion） |
| | 説示型展示（Interpretation） |
| ② 展示意図の有無による分類 | 羅列 |
| | 展示 |
| ③ 展示の学術的視座による分類 | 単一学域展示 |
| | 複合学域展示 |
| | 総合学域展示 |
| ④ 見学者の展示への参加の有無による分類 | 受動態展示 |
| | 能動態展示（参加型展示・体験型展示） |
| ⑤ 展示の動感の有無による分類 | 静止展示 |
| | 動態展示 |
| | 映像展示（動画） |
| | 演示（実演展示・実験展示） |
| ⑥ 資料の配列法による分類 | 象徴展示 |
| | 単体展示 |
| | 集合・集団展示 |
| | 時間軸展示・変遷展示 |
| ⑦ 資料の組み合わせによる分類 | 単体展示 |
| | 集合・集団展示 |
| | 構造展示 |
| | 組み合わせ展示（資料・模型・パネル） |
| | 三連展示（資料・模型・映像） |
| | ジオラマ展示・部分パノラマ展示 |
| ⑧ 展示課題による分類 | ジオラマ展示・部分パノラマ展示 |
| | 建造物復元展示 |
| | 時代室 |
| | 歴史展示 |
| | 科学展示 |
| | 比較展示 |
| ⑨ 展示の多面・多重性による分類 | 二元展示 |
| | 二重展示 |
| | 三重展示 |
| ⑩ 展示レベルの差異による分類 | 概説展示（入門展示） |
| | 収蔵展示 |
| ⑪ 展示場所による分類 | 屋内展示 |
| | 屋外展示野外展示 |
| | 移動展示巡回展示 |
| ⑫ 展示期間による分類 | 常設展示 |
| | 特別展示企画展示 |

本分類は、資料の組み合わせを基準とした展示における基本的分類である。単体資料ではなく、2資料・3資料の組み合わせにはじまり、ジオラマや情景復元展示等の極めて多数の資料の組み合わせに拠る展示を含める展示分類である。この意味では、比較展示も組み合わせ展示である。

⑧展示課題による分類

　意図に基づく展示の一形態として、課題に基づく展示がある。たとえば、スーパーマーケットでの商品展示は、商品の分類による分類展示が一般的である。しかし、カレー料理と言う課題（テーマ）で、同一場所にカレーのルー・肉・たまねぎ・ジャガイモ・人参等の商品を配列しているところがある。これが商品展示における課題展示であり、当該概念の基となる展示分類である。

⑨展示の多重・多面性による分類

　博物館展示の難しいことは多岐に亘るが、基本的困難さとしては博物館利用者の知識の程度が一定でないことが最も展示を困難にしている原因であると言えよう。そこで一方法として、難易度の異なる展示を構成することにより、この基本的問題の解決を目的とした展示の分類である。

⑩展示レベルの差違による分類

　「⑨展示の多面・多重性による分類」は、展示の形態分類であるのに対して、本分類はこれらの展示を構成する学術的レベルによる分類である。

⑪展示場所による分類

　博物館展示は、建造物の室内での展示を通常とするが、場合によってはエントランスホールや廊下、下屋・中庭・野外等々での展示も存在している。これらの展示を場所により分類するものである。

⑫展示期間による分類

　博覧会と博物館の峻別理由は、常設展示の有無であることは周知の通りであり、この博物館を確定する常設展示に対する展示の分類である。

註
1）　前田不二三　1904「學の展覽會か物の展覽會か」『東京人類學會雜誌』第二十九號

2) 秋山某　1915「展覽會の流行に就きて」『歷史地理』第二十六巻第一號
3) 坪井正五郎　1889・1890「パリー通信」『東京人類學會雜誌』第四十三・四十四・四十五・四十六・四十七・四十八號
4) 坪井正五郎　1890「ロンドン通信」『東京人類學會雜誌』第五十號
5) 坪井正五郎　1904「戰後事業の一としての人類學的博物館設立」『戰後経学』
6) 坪井正五郎　1899「土俗的標本の蒐集と陳列とに關する意見」『東洋學藝雜誌』第拾六巻貳百壱拾七號
7) 坪井正五郎　2005「坪井正五郎小伝」山口昌男監修　『知の自由人叢書　うしのよだれ』所収（1899「坪井正五郎小伝」『日本之小学教師』第1巻第6号初出）
8) 坪井正五郎　1904「人類學標本展覽會開催趣旨設計及び効果」『東京人類學會雜誌』第二十九號
9) 木場一夫　1949『新しい博物館―その機能と教育活動―』日本教育出版社
10) 新井重三　1981「展示概論」『博物館学講座7　展示と展示法』雄山閣出版
11) 棚橋源太郎　1950『博物館学綱要』理想社
12) 鶴田総一郎　1956「博物館学総論」『博物館学入門』理想社
13) 倉田公裕・加藤有次　1971『展示―その理論と方法―』博物館学研究会
14) 日米修好通商百年記念行事運営会編　1961『万延元年遣米使節史料集成』2、風間書房
15) 佐野貞輔鼎　1945『訪米日記』金沢文化協会
16) 青木　豊　2003『博物館展示の研究』雄山閣

第3章

# 集客力のある博物館の基本要素

　博物館は、教育機関であり研究機関であることは度々述べてきたが、これらの両機能は基本的には利用者に対するサービスの上ではじめて成り立つことを常に忘れてはならないのである。
　しばしば話題にされる既設博物館の低迷ぶりは、どうやら面白くないという一言に尽きるものと思われる。
　博物館法第2条で明記されているレクリエーション面については、わが国の博物館の大半が十分に具備しているとは思えず、むしろ運営側の意図する博物館は研究機関であることのみを先行させた結果、博物館は堅苦しいお役所的存在となり、市民生活とは隔絶したものとなっている場合が多いように見受けられる。つまり、わが国の博物館はレクリエーション、"娯楽・楽しみ"面を軽視してきた積み重ねが、今日に至っているものとみられるのである。
　ここで、基本として設置者側が常に認識していなければならないのは、博物館教育（社会教育）は学校教育と大きく異なるという点である。学校は行かねばならないが、博物館は行く必要はないのである。博物館に行かずとも呼びにはこないという点である。つまり、博物館の利用は市民の自主性に委ねられなければならず、自主的に足を向けた来館者があってはじめて博物館が目指す博物館教育が行えるという、直接的ではないところに博物館教育の形態上の特色と内容上の難しさを有しているのである。
　したがって、博物館教育の第一歩は利用者に来館を促すことであり、次には当該利用者の博物館での滞在時間の延長を目指し、さらには再び博物館の利用者となるように博物館の魅力を印象づけると言った3点に集約されると考えられる。閑古鳥すら居ないような利用者の少ない博物館は、社会教育機関ではないことになるのである。

こうした点から考えれば、博物館は"楽しみ"が第一義に位置づけられるべきである。楽しみが介在しなければ集客はとうてい望めないし、利用者が訪れなければ博物館教育は果たせないという図式が成立するからである。

博物館は英語でmuseumと表記し、同じく英語で楽しみを意味するamusementと語源を同じにするところからも、博物館は楽しみを基本とする施設であることが理解できる。

アメリカやヨーロッパ諸国の博物館はわが国のそれとは異なり、展示が優れ、美しく、利用客も多く素晴らしいということを耳にする。しかし、展示を比較した場合、けっしてわが国の博物館展示が劣っているわけではなく、それは文化の差異に起因するものであるとみてとれる。

つまり、コレクションの優劣は別として、展示のみに視点を定めた場合、その技術・技法はわが国の博物館のほうが勝っているとすら言えるのである。したがって、社会情勢の違いが入館者数に反映しているとしか思えないのである。つまり、博物館の楽しみという面では同レベルであっても、わが国の場合は博物館以外の娯楽施設があまりにも多く、極論すればこれらゲームセンター、パチンコ、ゴルフ等々を凌駕する博物館を設置しない限り、集客力を高めることは絶対に不可能であるといわざるをえない。

たとえば、世界最古の野外博物館であり、年間600万人の集客力を誇るスウェーデンのスカンセン野外博物館をわが国にそっくり移築したとしても、どれだけの入館者が望めるだろうか。おそらく川崎市立日本民家園と同等、もしくは劣るといっても大過ないものと予想される。

わが国の錯綜する文化・社会に適合する博物館は、従来の枠を超えられないものや、欧米諸国の博物館を範とした荒削りなものではもはや対応しきれず、日本人の細やかな感性に合った楽しみのある、知的欲求を満足させうる快適空間で満たされていなくてはならないのである。

## もてなしの心の必要性

自学自習である博物館へ再度見学者を呼ぶには、駐車場や入館料等の無料化は当然としても、さらに基本的には"もてなしの心"が必要である。

博物館における"もてなしの心"の具体とは、休憩所での湯茶の接待とはい

もてなしの心の必要性

教室の黒板に「歓迎　國學院大學」と
記された心配り（長野県立歴史館）

湯茶の接待（森将軍塚古墳館）

コーヒーの接待（諏訪湖博物館）

駐車場までの傘の用意
（新潟県立歴史博物館）

かなくともその用意や清潔なトイレの提供である。良し悪しの議論は兎も角として、飲料類の缶・ペットボトルの自動販売機の設置も希求がある限り必要であろうが、これとは別に休憩所で無料にて湯茶を提供している博物館もしばしば目にする。このような場面に遭遇した場合、緊張が解かれ、疲れが取れるといった精神的安らぎを感じた経験をお持ちの方も多数いらっしゃるのではないかと思われる。

　日本人にとって、たとえセルフサービスであろうとも湯茶の用意は"もてなしの心"を最も感じる行為であろうから、博物館では必要とされる入館者サービスであると考えるものである。

　トイレに活けられた花なども全く同様であろう。出来れば、この場合も地域の四季折々の山野草や花木が好ましく、さらに植物の名称は当然のことだが、人間との関係を初めとする当該植物の特質を簡単にコメントすることもまた重

要である。

　また、見学者以外にトイレ使用を禁止している博物館も時々遭遇するが、見学者でなくともトイレは自由に使って戴くべきである。トイレ使用を禁止している博物館に直面すると、博物館に対するイメージが一挙に悪化するのは筆者だけではないであろう。

　事前に申し込んだ団体見学などの場合、博物館のエントランス部の表示板や可能な展示の中に明記することも"もてなしの心"の具現化である。具体的には、筆者は博物館学芸員養成科目の一つである「博物館見学実習」で、日本各地の博物館を対象に年間約120余館、団体で訪問する。その折に「歓迎　國學院大學」と表示して下さっている博物館が必ずある。これを見た参加学生に意見を聞くと、一様にその博物館に対し親近感が沸くとの回答である。このことからも博物館の接客の上では必要であると看取されるのである。個人来館者には不可能であろうが、少なくとも団体予約の来館者には必要な要件であると思われる。

　また、当該表示は、ホテル・旅館等で一般的に認められる博物館のエントランス付近ではなく、何らかの展示の中に不自然でなく組み込まれていることが、次の述べる奇をてらう結果となり、微笑すら感ずるものである。

## 奇をてらう心の必要性

　"博物館は学術の殿堂である"と称されるとおり、当然学術の情報伝達の場でなければならない。同時にまた、博物館展示は広義の展示の一つである限り娯楽性を必要とすることも常に忘れてはならない点である。

　多岐にわたる娯楽性の中でも博物館での娯楽の基本となる要素は、学術上での"驚きと発見"や"意外性"であるところから、展示自体に"奇をてらうこと"が必要なのである。

　この奇のてらいは、当然の如く当該博物館の専門領域の中での、あるいはその延長上での学術性に富む要素を有したものでなければならないことは当然であるところから、当該博物館の個性と特色を生むものと期待されよう。内容において、この点を誤ればただ単なる冗談話で終わる結果となろう。

　また奇のてらいは、博物館内での展示にとどまらず、野外・屋外と言った博

雪で作ったマンモス
（黒耀石体験ミュージアム）

垂柳遺跡出土の古代米の活用
（青森県田舎館村博物館）

物館のあらゆる場面において設定することが必要なのである。中でも博物館の外部で視認できる場所での展示は、広く社会への博物館の存在のアピールともなろう。

　さらにまた、恒常的展示は、常設展示と同様に飽きられることは必定であるからなるべくなら、一過性あるいは季節性を考慮した展示の介在も好ましい。

　同様なことは、展示に留まらずむしろ別項で記すミュージアム・ワークシート、ミュージアムグッズ、図録等においても同じ感性が必要とされよう。これには、資料の学術性を熟知することから開始されよう。

　これらの一つ一つが博物館の魅力となり、利用した人々の記憶に残り再びの来館を招くこととなるのである。

## 博物館の外観と歴史的建造物の利用

　昨今の新設館の中には、ホテルと見間違うばかりの瀟洒な外観とロビーを有する博物館が多数ある。この点は、わが国の社会全体が豊かになり、清潔で豪華でなければ満足できないといったハイレベルな社会に移行した結果であろうと看取される。

　したがって、設置する博物館の建物は、清潔、瀟洒、豪華が基本条件となり、建物の外観は当該地域の自然的あるいは歴史的特質を彷彿させる特徴的な外観・ランドスケープを呈する建築物が少ないのも事実である。

　建物の外観と雖も、集客に関与することは事実である。博物館の専門領域に関する自然的あるいは歴史的特質を生かした特徴的な建造物であるだけで、

第3章　集客力のある博物館の基本要素

天塩川歴史資料館（1951年建築の旧役場）

金沢くらしの博物館（旧紫錦台中学校）

人々の注意を喚起するからである。日本人にとって最良の例は城、つまり天守閣である。天守閣を建築外観とする博物館も少なくない。これが集客の面で良好な成果に結びついている事例も認められる。

　明治26年（1893）に、我が国の明治期の博物館学では最長の論文であると同時にその内容においても時代錯誤を覚えるほどの見解を記した神谷邦淑は、博物館の建築について次の如く述べている[1]。

　　博物館建築の装飾に過くるは固を取らさる所なり而して其飾るや務めて古義を保ち國華を發はすの手法を採るを要す我國古来校倉なる寶庫の制ありと雖も元来木造の建築にして貯蔵の精神に對固とより適當なものにあらず今其耐火質の材料を以て我建築の古義を襲はんとは誠に甚たしき難事にして（以下略）

と、博物館の建築論を展開した。くどいようであるが明治26年のことである。
　続いて大正時代には、野田俊彦が、「建築非藝術論」の中で次の如くの論を展開している[2]。

　　建築は實用品である事は述べた。實用品でありながら同時に藝術品であり得ない事も述べた。美を作り出すことが建築の目的でない事も述べた。其物の有する感じを傳へんが爲めに、即其物の内容を表現せんが爲めに建物は建てられるものではない事も述べた。残った問題は實用品でありながら美や内容の表現をも同時に具有す可きものたるか否かである。

　しかし、バリアフリー面と博物館としての建築物の内部空間の制約等を勘案すれば、博物館は福島県立博物館等に代表される如くワンフロアであることが

好ましい。この点では、遠望がききランドマークとしては最良とも言える天守閣は多層階となり、さらにその構造上、柱や階段等が限定されるので使い勝手が悪くなることは予想される通りである。

以上の如く、博物館の外観は重要であることは論を待つまでもないが、倉田公裕は『博物館の風景』[3]の中で「すぐれた機能をもつものは、またすぐれた外観を持つ。」即ち、機能から外観が生まれると記している。さらには、博物館はモニュメントと考えられている傾向が強く、記念物的外観発想を批判する意味で「博物館はもはやミューズの神殿でもあるまい。」と記している。

歴史的建物の博物館利用について黒板勝美は、「史蹟遺物保存の實行機関と保存思想の養成」と題する論文[4]のなかで博物館建築論を展開する中で、歴史的建造物群の利用の必要性について下記の如く記している。

> ついでながら博物館として古い建築物を用いることが出来れば、それが一番理想的である。朝鮮総督府の博物館が京城の景福宮内にあるが、その新たに建てられた西洋風の建物ではなく、景福宮の建物を多く利用すること、なればそれが實に理想的博物館といってよい。京都あたりでどこからか廃寺を持って来て都合よく博物館とすることができるなら是非実行して見たいと思ふ、今の京都や奈良の博物館は根本的に博物館としての計畫を誤っているのである。

さらにまた、黒板は「國立博物館について」[5]でも展示場としての博物館の外観について下記の通り記している。

> 　二　理想的の保存陳列場
>
> 　古物は元来史蹟の内に存在して居たのである、故に出来るだけ史蹟の内に若しくは史蹟に近く保存せられねばならぬ。
>
> 　史蹟から離るゝと、學術的の價値も減せざるを得ない、出来べくんば元から古物の存在して居る場所を利用し、其處にもし當時の古建築物が保存せらるれ猶ほよいが、もし古建築がなければ、古物と同時代の建築を建設しても宜しいし、また他からその時代の建築を移し建てゝも差し支えない。要するに、その陳列品は文化的に復元せられねばならぬのである。

黒板は、博物館建築の外観は、博物館の専門領域と整合する形が必要であると神社博物館の外観の必要要件について明言したのであった。

45

この点は神社博物館に限定されたことではなく、やはり博物館の専門領域を象徴する建築物であることが見る者にとっての印象性は強く、この意味でも博物館の存在性を広報することになると思われる。

　一方で、博物館は"ハコもの行政"に包括され、ムダの事例として捉えられていることも事実である。確かに白亜の殿堂の如き、記念碑的象徴建造物は否定しなければならないだろう。

　むしろ歴史的建造物の博物館利用は、可能なかぎり至極当然として考えなければならない。歴史的建造物の利用は、単独での保存と活用の意味で第一義的にその必要性が認められるのは勿論のこと、これとは別に"まちづくり"という広範囲な視点が1990年頃に加わったことにより、歴史的建造物は地域文化資源として把握されるにいたっているのである。

　したがって、旧小学校・旧役場・旧郵便局等々は当該地域の"まちの顔"といった真の象徴物であり、拠点的役割を果たしてきた事実からふる里の確認の場の核として変貌することは容易であることは想像に難くないのである。

　故に、郷土の文化資源として歴史的建造物を保存し、その上で当該建造物の活用の方法として博物館とすることは、地域の景観形成の上でも極めて自然の展開なのである。

　なお、建造物の保存が第一義であることは確認するまでもないが、保存に始終する形態としては、民家園や風土記の丘・博物館に併置される歴史的建造物がある。この場合は、阪田正一の呼称のとおり[6]「博物館に併置される資料としての建造物」として、本稿では区別するものである。

　歴史的建造物は、他の歴史資料とは異なり直接的な利用による活用こそが日常的な維持管理を齎す結果となり、保存の為の基本的行為であると考えられよう。ただ、歴史的建造物であるが故に博物館としての機能に必ずしも合致するものでないことは当然であるから、活用に関しては数多くの制約に甘んじなければならないのであろうことは十分予想できる。

　しかし、それでも歴史的建造物を保存し、制約がありながらも博物館として活用することは正鵠を射た広い意味での郷土保存の一つであると考えられるのである。なお、歴史的建造物であるが故に経年劣化の中で脆弱化を来たしていることは十分予想しなければならないのも当然である。したがって、耐震をも

目的とする強化工事も必要となろう。

## 可変性のある常設展示

　博覧会と博物館を峻別する最大の要件は、博覧会は一過性であるのに対し博物館展示は恒常的である点にあることは周知の通りである。しかし一方で、この博物館を決定づける恒常的展示は、広義の展示の共通性から見ても極めて特殊な例であると言えよう。

　つまり、博物館展示と極一部の広義の展示を除いた一般に存在する広義の展示は、期間が限定されている点が共通特性であり、常套なのである。この点を踏まえた上で、基本的に展示期間の上では異常である博物館展示の恒常的であるが故の、欠落する要因を充足すべく博物館展示の基本構成を考慮しなければならない。

　恒常であるが故の欠落とは、"いつでも見ることが可能である"とする潜在意識から発生する安堵感に他ならないものと看取される。すなわち、限定という心理的刺激による注意の喚起あるいは誘引が発動され難い点が、常設展示形態が有する基本的弱点であると看取される。この結果、「今でなくともいつでも見られる」という安堵感に基づく深層心理により、当然の如く博物館への足は遠のくこととなるのである。

　また一方で、いつ行っても同じ展示で変わり映えしない点が、印象に残り満足できる展示が極めて少ないことも相俟って、一度見れば二度行く必要はないと言った観念が発生し、リピート客を誘引できないのも、常設展示がもつ弊害で有ると言えるのである。

　この問題の解決方法として博物館は、特別展示・企画展示・新着展示といった広義の展示の基本に則った短期間の期間限定展示を、常設展示室とは異なる展示室で実施することにより博物館への注意を喚起し、集客力を高めてきたのである。しかし、この場合でも博物館への集客力の高揚は果たせたであろうが常設展示室への誘引は必ずしも果たしえなかったものと看取されよう。

　常設展示を持たず提示のみの一過性の特別展示・企画展示のみに始終する博物館・美術館も多く認められるが、これらは見世物であり博物館教育を目的とする機関とは峻別されねばならないのである。なぜなら、博物館展示はある一

定の考え方に基づく学術情報の伝達であり、一過性ではなく常に訪れる人々に同一情報を伝達し続けることこそが博物館教育であり、常設展示であるからである。

　従来より、「常設展示は一度制作すれば10年は持たせねばならない。」あるいは「常設展示は10年持つ展示を制作しなければならない。」と真しやかに語られてきたことは事実であるが、極めて疑問である。確かに、展示更新の予算等の制約により10年、それ以上継続されている常設展示は各所で散見できる。それらの大半は、経年劣化の視点からは物理的にはまだまだ十分であろうと思われるが、展示そのものが本来有するリピート客への集客力は勿論低下を極めているのである。つまり、展示意図の変更は別としても展示物の入れ替え等に拠る展示の変更は常に必要なのである。したがって、ここで言う可変性の有る常設展示とは、換言すれば容易に展示替えが可能である展示を指すものである。大型ジオラマ・大型模型等々の不動産とも形容できる移動が極めて困難な大型展示物の製作を廃止し、ジオラマ・模型等においても小型のもので十分情報は伝達出来るのである。ジオラマや模型は、「大きさ故に貴からず」であることを忘れてはならないのである。ケースの種類においても壁ケース等の設えによる移動不可能な固定ケースを採用せず、移動可能なケース類の選択を必要とする。

　可変性のある常設展示とは、部分的な展示替えが容易にできる展示を意図するもので具体的にはユニット展示が好ましいが、博物館の常設展示は、一度で完成させるのではなく常に変化し、増殖して行かねばならないものなのである。常設展示での増殖の過程こそが見学者にとっては、大きな魅力であると考えられるのである。

## 正確な情報と作法（伝統的展示法）展示の必要性

　「公立博物館の設置および運営に関する基準」（昭和48年文部省告示第164号、平成15年6月廃止）の第7条（展示方法等）は、「公立博物館の設置および運営上の望ましい基準」（平成15年文部省告示第113号）の第4条（展示方法等）に、一言一句変わることなく引き継がれている。

　第4条（展示方法等）は6項より成りたち、第一項に下記の通り記されている。

正確な情報と作法（伝統的展示法）展示の必要性

左右逆に置かれた刀（本来は柄が左）

平面展示された屏風

展示ケースの床に置かれた掛け軸

平面に置かれた横額

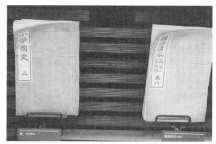
立てて展示された本

逆に置かれた柄鏡

不適切な巻緒の処理

風鎮の使用（それも2個）

第3章　集客力のある博物館の基本要素

　一、確実な情報および研究に基づく正確な資料を用いること
　当該条文の主意は、正確な資料を展示することを求めているのである。
　つまり、正確な資料で正確な情報を伝えるのが、学術の展示としての博物館展示の原則である。このことに関しては異論を差し挟む者はいないであろう。しかし、実際に贋物等ではなく確かな歴史資料を展示する場合でも、必ずしも所謂定説がない資料も存在している。古くなればなるほど不明瞭となることは、当然であろう。ただ不確かであるから、資料を提示するだけで良いと言うことではなかろう。たとえば、2学説があれば2つの学説の紹介を目的とする、それぞれの学説に基づく2種の模式図・模型等々を展示することが重要である。
　また、当該資料がいつの時代の何であるかが全く不明なものは、不明品であることを強調し見学者と「共に考える展示」をつくることも、参加型展示を凌駕する双方向性の展示となりえよう。

　また、掛軸・屏風・横額・和服・日本刀・甲冑・火縄銃等は、作法（伝統的展示法）に基づく展示を行わなければならないことは確認するまでもない。なぜなら、歴史資料の展示に関しては、個々の資料が有する学術情報の伝達はもとより、日本文化のなかの一つ

複数の学説を紹介する展示
（島根県立古代出雲歴史博物館）

見学者に問いかける展示
（つきさっぷ郷土資料館）

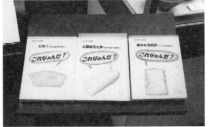

見学者に問いかける展示
（箕輪町郷土博物館）

である書画骨董（歴史資料・美術資料）の取り扱いの作法をも伝える展示でなければならないからである。

極端に言えば、掛け軸を床の間にかけた場合の巻緒の処理や刀掛での日本刀の柄を右に置くか左に置くかなどの疑問を、博物館へ確認を目的に来る博物館利用者が存在することも想定しなければならないのである。また、かかる目的での見学でない場合でも、展示作法を見ることにより知識とすることも十分あり得ることから、等閑な展示は行ってはならないのである。

したがって、歴史系・日本美術系博物館における博物館展示の目的の一つは、日本文化の保存と伝承であることを意識しなければならないのである。具体的には、これらのわが国独特の文化である作法（伝統的展示法）で展示を行うと同時に、さらにミュージアム・ワークシートや解説シートで、積極的に注意を喚起し理解をもとめることも必要である。

## 参加型博物館―博物館の存在と内容のアピール―

かつて、室生犀星の「ふるさとは遠きにありて思うもの……」をもじって、「博物館は遠きにありて思うもの」と揶揄されたが、地域の博物館にあっては、今なお続く実像であると言えよう。

三重県立博物館館長の布谷知夫は、博物館の社会的役割を３点あげる中で、その一つに「博物館側から博物館が役に立つ存在であることを主張すること。」[7)]を明記している。

異口同音の如く言われてきたように、地域社会から乖離した博物館であってはならないことは記すまでもない。集客の為の広報等々は当然必要とするが、根本的には布谷が言うように先ず博物館の存在自体の主張が必要である。主張があってはじめて良き博物館理解者、すなわちシンパの獲得が具体化されるのである。具体的には、友の会・ボランティア・博物館実習生の受け入れ・中高生のインター

**16頁に及ぶ友の会だより**
（十日町市博物館）

ンシップの受け入れ・前述したスクールミュージアム等々を積極的に行うことにより、博物館の存在と実態を社会に啓蒙することが、延いては集客の基本となることは確認するまでもない。博物館の良き理解者を得て、あるいは得る為に市民が自由に参加することができる参加型博物館の構築こそが、望まれる地域博物館の姿であろう。

平成10年（1998）に制定された「特定非営利活動促進法（NPO法）」に基づく、NPO法人活動の躍進や、平成7年の阪神・淡路大震災に端を発するとも言えるボランティア意識の高揚により、市民が博物館に参加する事例が多くなっている。

中でも友の会は、参加型博物館を形成する最大の構築要素である。場合によってはボランティアの会の場合もあろうが、一般的には友の会ということが多い。友の会について、塚原正彦はリレーションシップをつくるコミュニティとして、基本的な考え方を2点あげている[8]。

a) 友の会は、ミュージアムと利用者をつなぐ人的メディアで、意思決定に影響力を行使する
b) 友の会には、①バーチャル・コミュニティ、②サービス提供のコミュニティ、③提案型コミュニティの三つの形態があるさらに、友の会の機能として、第1は知を中心とした知の創造をめざす会、第2は博物館が安定した利用者を確保する為に設けられた会、第3は博物館の財政基盤や意思決定にさえ影響力を持つ会、の3つのタイプをあげている。

わが国の友の会の多くは、第2の博物館が安定した利用者を確保する為に設けられた会であるが、これは友の会の出発点であり、場合によっては第3の機能をも含めた第1のタイプへ移行していくことが望まれる。

たとえば、新潟県十日町市博物館は、1,500余名の友の会の会員を有するまさに参加型博物館であり、地域文化の拠点と地域住民の交流の両拠点としての役割を果たしている。住民と共に歩む博物館である参加型博物館での友の会の博物館への参加は、一般的なボランティア活動に認められるような普及活動に留まらず、博物館の多岐にわたる機能に参加しているのである。中でも調査研究部門への参加は、自主的な研究・報告書の発刊もしており、参加と言った表現を凌駕する活動を実施しているようである。

参加型博物館―博物館の存在と内容のアピール―

同様な実例を大まかに紹介すると以下の通りである。

**資料の調査**　平塚市博物館には、市民が「古代遺跡を探す会」「石仏を調べる会」「相模川の生い立ちを探る会」「漂着物を拾う会」をはじめとする相模川下流域の自然と文化に関する調査研究活動に取り組む12の会があり、博物館と市民が相模川下流地域を調査対象に積極的に取り組んでいる。

また、滋賀県立琵琶湖博物館では、開館前から市民参加型の環境調査でタンポポやアオマツムシの調査を実施し平成9年（1997）には、市民が博物館の調査事業に取り組むことが出来るように「フィールドレポーター」制度を取り入れている。

情報を求める参加アンケート

その後、琵琶湖博物館を共につくっていこうとの意思を持つ人々が自主的に活動する為の「はしかせ制度」を取り入れ、「うおの会」「里山の会」等で大勢の市民が博物館に参加している。

**資料収集**　下関市立美術館友の会は、平成6年（1994）から毎年若手作家の登竜門である「現在日本美術展」の受賞作品を購入し、美術館へ寄贈することにより館のコレクションの形成に参加している。

また、目黒区美術館の場合は、作品を購入し寄贈を目的とする「ピリエの会」が荻須高徳の作品「サンマルタン通り」を寄贈するなど市民が資料の収集に大きく参加している。

**研　究**　研究に関しても多くの博物館での参加が報告されている。前述の十日町市博物館などは、各友の会で研究報告書を刊行するに至っている。

相模原市立博物館には、歴史部門と天文部門からなる2室の「市民研究室」があり、学芸員が常に常駐し専門書の閲覧をはじめとし市民と共に研究を行っている。

**展　示**　展示については、別項の「個人コレクション展示」でも記している岐阜県博物館の「マイミュージアムギャラリー」等の事例がある。

## 第3章　集客力のある博物館の基本要素

> **文化財修復・保存　寄付で費用調達　名古屋市博物館**
>
> 名古屋市博物館は、所蔵する文化財や資料の修復・保存費用を寄付で調達する取り組みを始めた。予算が限られる中での苦肉の策で、当面の目標額は一〇〇万円。日本博物館協会（東京）によると、全国的にも珍しい試みという。
>
> 同博物館によると、展覧会開催費や光熱費などの予算自体は縮小傾向にあるくいうのが現状だ。しかし、2年前、伊勢参りを描いた屏風では最古級の「伊勢参宮図屏風」（17世紀後半）の寄贈を受けたところ、修復の緊急性が高いとして費用を寄付で賄うことにした。
>
> 同博物館は、寄付を通じて貴重な歴史資料を後世に残すことへの理解を深めてほしい」としている。問い合わせは同博物館（052・853・2655）。
>
> 2013年（平成25年）4月25日（木曜日）　夕刊読売新聞　【朝夕刊月】

名古屋市博物館が求める市民参加（読売新聞2013年4月25日夕刊）

　また、特徴的なのは自然史博物館の建設を予定している札幌市が開設した「札幌市博物館活動センター」において、市民とのパートナーシップに基づく「ⅰミュージアムギャラリー」と称する市民による企画展を実施している。

**教育普及**　博物館の教育普及活動において市民が協力・支援しているケースであり、参加型博物館の中では一般的な参加であろうか。平成13年（2001）4月開館の浦安市郷土博物館における、市民ボランティア「もやいの会」の活動は良く知られているところである。

**ミニ公募債**　趣が異なるものとして「ミニ公募債」がある。「ミニ公募債（住民参加型ミニ市場公募債）」は総務省が管轄し、購入対象者は当該地域の住民に限定された公募債で、学校やコンベンションセンター・博物館の整備事業などにその使途は限定されている。具体的には、北九州市立自然史・歴史博物館整備事業（北九州市ひまわり債）、川口市立科学館の建設（かわぐち市民債）、長崎県新美術館（ながさき創造県民債）、佐賀県立歴史史料館建設・吉野ヶ里歴史公園整備事業（さが県民債）等々があげられる。このミニ公募債は、博物館建設なら博物館建設に特定されている為に、当該地域住民の博物館建設や博物館整備への大きな参加であると看取されよう。博物館に関心のない人であっても、自分が購入した公募債で建設された博物館に対しては、その存在を意識の中に留めるであろうところからも推奨される。

## マニフェスト

　博物館のマニフェストに相当するその年毎の「運営基本方針」は、毎年決定しなければならない。また、マニフェストには具体的な年間の特別展示や企画展示のスケジュール・ワークショップを含めた教育諸活動を明示することが肝

要である。決定した特別展示や企画展示、ワークショップや講演会等々は勿論のこと、運営基本方針も印刷物やホームページ等で公開することが重要である。これによって博物館利用者は、当該博物館の目的や具体的な活動を事前に知ることが出来るのである。

　今日の社会においては、計画性こそが最も優先されるわけであるから、注意を喚起する事前告知は集客にとって不可避な要件なのである。

　県立博物館や市町村立博物館は、設立母体の地方公共団体が発行する「県民だより」や「市民だより」にも年度初めにはマニフェストを必ず印刷し、ホームページにも掲載することが重要である。独自の特別展示や企画展示のスケジュール・教育諸活動の実施予定表を印刷し、博物館への来館者へは勿論のこと、機会あるごとに配布するように努めることが重要である。

## 博物館の広報

　「広報」とは、英語のPR（Public Relations）に由来する用語である。

　広報活動は、江戸時代にはすでに行われており、「びら・絵びら」「引札」「相撲番付」「役者絵」等々のように配布する広告と、貼る広告から成り立っていた。

　広義の展示である江戸での出開帳では、寺社奉行の差許しが事前に必要であった。許可が得られると開帳主催者である寺社は、開帳予告の立て札を寺社の門前はもとより広告効果の大きい両国橋・永代橋・四谷大木戸・千住などの人々が集まる場所に設置し、年の初めに開帳を行う寺社名を明記した印刷物を配布するなど広報活動に努力したようである。

　安藤優一郎の成田山新勝寺の出開帳の研究[9]によると、立て札による広報は江戸市民は勿論のこと江戸の郊外の人々をも広く対象としていたことは高輪・四谷大木戸をはじめとする江戸四宿に通ずる街道が設置場所であったと

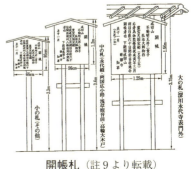

開帳札（註9より転載）

ころから指摘されている。さらに、江戸への流入が多い街道の東海道や甲州街道が位置する江戸の西側に比重が置かれる傾向が認められると記している。当然広告効果を考慮した結果であったことはうなずけよう。

　以上のことからも展示の集客には、広報が必要であり、広告場所は人的空間の大きな場所を必要とすることが歴史的事実として窺い知れるのである。

　博物館広報における手段は次の4種に分類できよう。
　①ポスターやパンフレット・ちらしと言った紙媒体の印刷物
　②テレビ・ラジオによる放送系メディア
　③インターネット系メディア
　④ソーシャルメディア
　⑤新聞等によるメディア

　博物館の広報の主意は、博物館の存在自体のアピールを基本とした活動内容の周知と各種博物館事業の認知を目的とする2種である。

　前者に関しては、当該博物館の設立の目的や地域において果たす役割や博物館が有する機能を伝えるのである。したがって、博物館だより・インターネット・県民だより・市民報は勿論のこと、専用の印刷配布物も必要である。

　また、映像による広告の比重が高いのも事実である。映像による案内広告である博物館のコマーシャル映像は、他のメディアと比較して大きな影響力を持つものである。さらに、今日ビデオ映像が一般化したことにより外注することなく博物館館内での制作も容易になっているので多用することが肝要である。

**行事予定リーフレット**
（石川県立歴史博物館）

　公立博物館の場合は、行政区域内の役所であるところの県庁や市役所の待合室はもとより、出張所・公民館・図書館等々でコマーシャル映像を放映することが重要である。

　また、当該地域の学校で映像を流すことも必要であろうし、なんと言っても発信地である博物館で使用しなければ意味がないことである。博物館での使用といっても、従来

見受けられたようなエントランスホール等の博物館内部に設置するのではなく、博物館の敷地内での設置であっても博物館外の人々をターゲットとしたものでなくてはならない。

松本市内のホテルに置かれた
松本市立博物館案内

　つまり、博物館に沿った歩道を歩く人々に対し、あるいは信号待ちで止まっている車内の人々に、博物館の施設と機能・収蔵品を紹介することにより、博物館の存在を印象づけることを目的とする広報である。

　また、同時に第2の広報であるところの特別展や講演会・体験学習等々の各種の催し案内を行うことが重要である。博物館のすぐ側まで人々は来ているのである。それらの人々を博物館内へ取り込むことを目的とするのである。

　後者は、紙媒体では特別展示・企画展示・体験学習会の開催・講演会等々の各種の催しを周知することを目的としている。掲示及び配布場所は、近隣の博物館をはじめ上記と同様である。

　Webページでは、情報提供・事業紹介・博物館だより・Web教材の作成・配信・メールマガジンの配信・電子会議室等があろう。

　広報効果の高いメディアとしては、新聞があげられよう。特別展示の場合でも新聞の地方版に紹介されるかどうかで集客において大きな違いが発生することは事実であろう。したがって、新聞に紹介記事を取り上げてもらうことが重要となって来る。具体的には、新聞社・新聞記者と緊密な連絡が取れるような信頼関係を築くことが重要である。それには、日頃より特別展示等々の開催記事の依頼だけではなく、収蔵資料の紹介等の文化紙面を満たすような記事の制作に協力する必要があることは確認するまでもない。また、紙幅の関係に大きく左右されるであろうが、特別展示の開催記事であっても特別展示の名称や期間のみに留まるのではなく、展示資料の紹介記事を併記することにより読者の印象性は高まることも忘れてはならない。

　いずれの広報手段も拡がりの端緒であって、後はいかに「口コミ」で拡散す

るかは、端緒である広報手段の印象性と博物館利用者の満足度や知の充足の如何に左右されることとなろう。

## 博物館見学者から展示批評者へ

博物館は、社会のインフラである学校・図書館・病院等と同様に、成果の測定はただ単に費用対効果のみをもって判断できるものではない。したがって、これに伴う評価が難しいことも事実である。

博物館展示に関する展示評価の考え方は、昭和7年（1932）の朝比奈貞一による「博物館に於ける実物事象教育効果の測定の一方法」[10]が濫觴であろうと推定される。当該論は、東京科学博物館での見学者に対する教育効果の有無を目的に展示評価を実施したものであった。

その後、博物館展示に関する展示批評・評価は断続的に述べられてきたが、1980～1990年代には博物館展示論や展示技術論の活発化に伴い、当該分野も徐々に盛んになる傾向が認められ、この時期の代表的な論文としては、榊原聖文の「展示（品）評価の視点について」[11]や大塚和義の「展示の理念と評価の方法」[12]等がある。

博物館評価の画期となったのは、平成11年（1999）の独立行政法人通則法の公布を原因とする世をあげての評価時代への突入に伴う現象の一連の流れと、これに呼応したかたちで平成12年度（2000）に東京都が所管する文化施設に対して実施された経営面に重きを置く「事務事業評価」であった。この東京都による「事務事業評価」が、今日の博物館の評価方法を決定づけたものと看取されるのである。

博物館は勿論のこと、なかでも地域振興を目的とした地域資源を紹介する文化施設には、展示は常套的手法として実施されるようになって来ているのが現状であろう。それほど人間社会における文化の発信と伝達を目的とする展示行為は拡がりを見せているのである。かかる状況の中にあって、より良い展示を確立する為には展示評価が必要であることは確認を待たないであろう。

評価と言えば一般に個別の展示に対してではなく、博物館全体を対象とする博物館評価であり、それは費用対効果を基本とする経営評価を指していることが多いと看取される。佐々木亨は、「公立博物館における行政評価―評価手法

構築に向けて」[13]のなかで、評価の問題点について次のように述べている。

　　サービス成果指標や社会成果指標、行政入力指標や行政活動指標の内容が、結局のところ博物館利用者や地域住民が関心のあるアウトカム（目的に即した効果、成果）を表現するのではなく、インプット（予算の投入量）やアウトプット（事業の活動量）を示すものであり、それにより展示や教育普及などの事業が評価されている。

　ここで意図する展示批評は、佐々木が指摘するような博物館の全機能に及ぶような評価ではなく、展示そのものの具体的評価を必要と考えるのである。

　展示評価を実施するには、展示批評が基本となる。展示批評を行うのは当該博物館の経営者による自己批評や、学識経験者といった限定された批評者に拠る批評と、個々の見学者が行う三形態があろう。展示批評から開始される展示評価の目的は、より良い展示を模索する資料の作成であるから、この意味で博物館利用者からの忌憚のない展示批評を求めなければならないのである。

　したがって、通り一片的な博物館側からの質問形式によるアンケート調査では不十分であると言えよう。先ず、展示批評の要点を、すなわち情報を見学者に伝える展示とは如何なる展示なのかを、博物館利用者に理解を求めることが先決であろう。つまり、見学者が展示の見方に理解を深めることは、それ自体が博物館運営者が展示に対する向上意識を持つことなり、博物館展示は展示をする者と展示に参加する者との間で、改善されて行くべきものであると考えられるのである。博物館が基本目的とする教育として展示を構成し、明示しなければ何時までたっても博物館見学者は"裸の王様"そのままなのである。

## 学芸員の配置

　「博物館法」第4条第3項に、「博物館に専門的職員として学芸員を置く。」と明示されていることは周知の通りである。しかし、現実に学芸員に相当する専門職員として従事している人物が、学芸員資格を持たない無資格者である専門職を多々目にする。ただ、具体的な統計は持ち合わせていないので、以下の記述に於いて適確でない部分があればご容赦を願うものである。

　たとえば、県立博物館・美術館の年報等による組織表を見る限り、学芸員資格無資格者の学芸員に相当する職員が多く存在していることは事実である。こ

の原因は、県立博物館に於いてはその採用が学芸員採用ではなく、教員採用した教育職員等の配置転換が常套化している結果と看取される。

　また、博物館学芸員相当職へ配置転換された元教育職員の多くは有資格者でない職員であるが故に、当然ながら"学芸員"の職名は使用できず、研究員・主事等々の職名を冠しているのが常である。しかし、その職務内容は正に学芸に関する任事であろうところから、極言すれば無資格者の任命と実務への従事と言うことになる。この不法とも表現できる行為は「博物館法」第4条第5項に記された「博物館に、館長及び学芸員のほか、学芸員補その他の職員を置くことができる。」と明記されている学芸員補その他の職員に相当させることにより、合法としているのであろうが、如何なものであろうか。ならば、職名を学芸員補とすべきであるが、組織内での所謂配慮であろうか、学芸員補としていないのも事実である。

　また、教育職員からの配転とは別途に、博物館自体が採用する場合に於いても、その採用条件は要学芸員資格（学芸員資格取得見込み）が加えられていないケースも決して珍しくはないのである。たとえば、2〜3年前に目にした実例であるが、横浜市内の博物館の専門職採用の公募要件の中に、学芸員資格もしくは教員免許と明示されていた。身分は、公設民営型博物館である故の専門職採用であるから、学校教員への転出は有り得ないはずであるのに、極めて不思議な要件である。と同時に、学芸員無資格者を良とする考え方は、是非博物館側にご賢察戴き是正ねがわねばならない点であり、抜本的には、県立博物館を始めとする公立博物館の専門職の採用は、学芸員資格有資格者に限定する旨の厳格な指導を文部科学省に切望する次第である。

**学芸員の社会的地位の向上と外部資金の獲得**　日本経済の低迷に伴う社会の現状においては、博物館のほとんどが予算規模の縮小に伴い種々の活動が狭められているのが現状であろう。しかし、このことは何も博物館に限ったことではなく、筆者が勤務する大学においても同様であり、研究を行うには自己努力による外部資金の調達が日常的になっている。

　博物館に置いても同様であり、もはや配布される予算を漫然と待ちうけている時代ではなく、自らが獲得せねばならない社会に突入していることを確認しなければならないのである。

予算がないから研究できないと言うのではなく、積極的に外部資金を獲得することが博物館には必要なのである。大きな意識変更が必要であり、後に記すがこの点に関しても博物館館長の果たさねばならない責務は大きいのである。

　調査研究資金の獲得は、学芸員個人の研究に大きな弾みをつけるだけではなく、予算不足で博物館での購入が不可能であった調査研究のための機器・備品類に充実を齎すであろうし、何よりも研究過程での資料の蓄積を生むと同時に、研究成果が展示に生かされることとなり、結果として市民に大きく還元されることになるのである。

　研究助成も種々あるが、やはり文部科学省の科学研究費の助成額は大きく対象も広いところから、先ずは科学研究費が申請できる研究機関に指定されることが先決である。

　博物館は、博物館法に明示されている通り教育機関であり研究機関であらねばならないのに対し、表に示した通り余りにも指定研究機関である博物館が少ないのには驚かされる。都道府県立博物館15館、市立博物館5館、公益財団法人3館、私立博物館5館の国立系を除くと全国で僅か28館なのである。こ

**平成24年度全国科学研究費指定博物館一覧**

| | | | |
|---|---|---|---|
| 1 | 独立行政法人国立科学博物館 | 21 | 徳島県立博物館 |
| 2 | 独立行政法人国立文化財機構東京国立博物館 | 22 | 大阪市立自然史博物館 |
| 3 | 独立行政法人国立美術館東京国立近代美術館 | 23 | 北九州市立自然史・歴史博物館 |
| 4 | 独立行政法人国立美術館国立西洋美術館 | 24 | 北海道開拓記念館 |
| 5 | 独立行政法人国立文化財機構京都国立博物館 | 25 | 横須賀市自然・人文博物館 |
| 6 | 独立行政法人国立美術館京都国立近代美術館 | 26 | ミュージアムパーク茨城県自然博物館 |
| 7 | 独立行政法人国立文化財機構奈良国立博物館 | 27 | 富山市科学博物館 |
| 8 | 独立行政法人国立文化財機構九州国立博物館 | 28 | 九州歴史資料館 |
| 9 | 国立民族学博物館 | 29 | 福岡市美術館 |
| 10 | 国立歴史民俗博物館 | 30 | 公益財団法人泉屋博古館 |
| 11 | 栃木県立美術館 | 31 | 公益財団法人大阪市博物館協会 |
| 12 | 群馬県立自然史博物館 | 32 | 公益財団法人大和文華館 |
| 13 | 千葉県立中央博物館 | 33 | （財）古代オリエント博物館 |
| 14 | 神奈川県立歴史博物館 | 34 | （財）目黒寄生虫館 |
| 15 | 神奈川県立生命の星・地球博物館 | 35 | （財）立山カルデラ砂防博物館 |
| 16 | 神奈川県立近代美術館 | 36 | （財）大阪国際児童文学館 |
| 17 | 新潟県立歴史博物館 | 37 | 株式会社生命誌研究館 |
| 18 | 山梨県立博物館 | 38 | 国文学研究資料館 |
| 19 | 滋賀県立琵琶湖博物館 | 39 | 神奈川県立金沢文庫 |
| 20 | 兵庫県立人と自然の博物館 | | |

れが現実なのである。

　この不具合の原因は、博物館学芸員を研究職に位置づけていない点に尽きるのである。博物館学芸員を研究職に位置づけることにより、博物館は名実ともに研究機関となり、同時に学芸員の社会的地位も向上するものと予想されるのである。活気ある博物館にするには、外部資金の獲得は不可避であることを設置者は確認しなければならない時点に来ているのである。

　この科学研究費補助金の研究機関指定推進に関する具体的運動としては、美術史学会が平成15年度より33頁に及ぶ申請マニュアル[14]を作成し、研究機関としての美術館の確立に努めている。博物館学芸員を多数擁する博物館学会・考古学協会・民俗学会等々の学会も結集して、研究機関指定への推進が望まれるのである。

　未だ、未指定研究機関である博物館を掌理する教育長や博物館館長は、この件に関しては博物館知識の不足が招いた大きな怠慢であることを認識し、機関として内部的な障害の除去を含めた、必要条件の整備に着手しなければならない時点であると言えよう。

**利用者と学芸員が求める館長**　博物館が、博物館としての機能を完遂するには整った組織が必要であり、如何なる組織にも組織を代表し、経営と責任を代表する長が存在することは事実である。

　博物館においても、組織長である館長の配置は博物館法でも下記のごとく明示されているとおりである。

博物館法（昭和26年12月1日　法律第285号）
　第4条　博物館に館長を置く。
　　2 館長は、館務を掌理し、所属職員を監督して、博物館の任務の達成に
　　　努める。

博物館に館長は置かねばならないのである。ただ館長職の仔細に就いては「公立博物館の設置及び運営上の望ましい基準」等々をはじめとする関係法規類にもなんら記されていないことも事実である。この不明確な条文から博物館館長任命に関する下記のような疑問点が存在し、結果としてこの点を原因とした不具合が発生しているものと看取されるのである。

　①常勤、非常勤の点

②兼務の点

③博物館経験の有無

④専門知識及び博物館学知識の有無

これらの不明瞭を考えるにあたり、博物館館長に関する先行研究を確認すると以下の通りである。

アメリカ博物館協会の重鎮であったローレンス.V.コールマンは、『アメリカの博物館』[15]のなかで、次のように博物館長論を展開している。

> 博物館長は博物館そのものである。博物館の精神は―規模の大小を問わず―館長個人からわき出るものである。

このように明記した上で、①事務管理（管理職）、②教育活動（教育職）、③学術研究（研究職）の3点を館長の職責と記している。

さらに、長竹敦威は昭和38年（1963）に「この道も茨なる道　博物館長の役割」[16]のなかで細かく述べている。

> 館務を掌理するには、やはり館長は専門職としての学芸員の有資格者であることが望ましい。ところが地方公共団体の設置する公立の博物館の館長は「たらい廻し」の人事による場合が多く見られる。勇退間もない高校長、県庁、市役所などの古参の者の「たらい廻し人事」がなきにしもあらずで、2年か3年で、次から次へと走馬灯のように変わってゆく。専門職である学芸員の資格などは問題にされないで、事務屋さん（きわめてお役所的なハンコ屋的な事務屋さん）が、回転木馬のように発令されては、博物館・美術館の長の椅子におさまる例も少なくない。（中略）
>
> また、学芸員の研究発表の機会も抑圧される。研究のための調査出張、他の博物館資料調査のための出張も、館長に理解が無いと実現出来ない。このような現状を察知体得して館務を処理・掌理するためにはやはり学芸員の有資格者が館長であることが望ましい。

長竹が上記館長論を記したのは、昭和38年のことである。50年を経た今日、どれだけ改善されたであろうか。

山種美術館の学芸課長から北海道立美術館館長を経て明治大学教授として、長く博物館学を講じられた倉田公裕[3]は、博物館館長の役割として3点を記している。

①館長は博物館の目的達成のための組織者
②博物館活動の指導者
③学芸員を中心とした職員と地域住民との中間に立つ媒介者
　公立の場合は地域の教育委員会に所属し、教育行政の末端につながる中間管理職

これらの役割を実行するにあたっては、先ず、①に関しては常勤の専任でなければならないことは論を待つまでもない。

②は教育長の兼務が多見されるが、①と同意でもあって職務が異なることを再度確認すると同時に、博物館館長は兼務でまかなえる程閑職ではないはずである。兼務館長が実在している博物館は、博物館が社会に果たさねばならない役割を果たし切れていない施設であると看取され、博物館機能が停止もしくは停滞している形骸化した博物館的施設ではないかと思われる。

③は、元教育長や元学校教育職経験者が担う場合である。たとえば、教育長経験者に博物館経営のなにがわかっているのだろうか。出先機関である博物館から本庁への予算交渉等はともかくとして、中でも資料の調査・研究・展示・資料保存等の博物館の基本ともなる博物館業務に対してどのような具体的な指導が可能なのであろうか。多くは否であろう。ここに博物館の停滞の原因があると考えなければならないのである。博物館館長は、決して天下りポストであってはならないし、単なる名誉職であってもならないと考える。元学校教育職経験者は、学校教育の専門家ではあるだろうが、確認するまでもなく博物館教育と学校教育は根本的に異なるものであるから、上記した元教育長と同様であると杞憂するものである。ただ、学校教育経験者の場合でも博物館の専門領域に整合する研究者であった場合などはこの限りではない。博物館館長に求められる資質は、研究者であるか否かが第一要件と看取されよう。

この点について、清水久夫はその著書[17]の中で下記の如く記している。

　　日本の博物館は概して小規模なので、館長の姿勢、価値観、考え方が、研究ができる体制が作れるかどうかを左右します。

　　研究できる体制づくりのためには、館長は、自ら研究する人であるべきでしょう。館長が行政職で、学芸員を研究者として認めない人であれば、学芸員は研究を続けるのに辛い思いをします。館長が、専門職で、研究者

であれば、博物館全体の雰囲気はずいぶんと研究しやすい環境になると思います。

新設博物館や建築後時間の経過が余りなく、館長としての人材養成が間に合わず組織内に人材が居なければ、この場合は外部から館長を招かざるを得ない。しかし、わが国の多くの博物館は設立後4半世紀を経ているのであるから、博物館経験を豊富に持つ人材はそれぞれの博物館に存在するはずである。そうした学芸業務を最もよく知る所謂たたき上げの学芸員が館長になる必要があるのである。このことはまた、前述したように学芸員の職務に対する士気と意識の高揚と学芸員の社会的地位の向上に直結するのである。

非常勤館長で、博物館経験も研究に関する知識や博物館学知識も意欲もなく、ただ漠然と館長を配してきた状態が余りに長く続いたことが、今日の博物館の停滞をまねいている原因の一つであると看做せるのである。

一方で、経済界経験者の博物館外部からの登用を博物館経営面から肯定する考え方もあり、上山信一・稲葉郁子[18]は次の如く記している。

> 米国での美術館の館長は、美術史の博士号と学芸員の経験を持つ人が選ばれる場合が多かった。しかし優秀な研究者が経営面でも高い能力を持つとは限らない。それを補うべく、近年はビジネス界からの登用も増えている。（中略）
>
> 米国のミュージアムでは、ビジネスや他業界からの人材も巧みに活用する。特にニューヨークでは人材がひしめく。外部からの登用人事もやりやすい。こうした人事が組織に刺激を与え、また異業種からのノウハウの注入や改革を加速する。

わが国においても経済界の出身者を美術館館長に任命する事例は、東京都写真美術館や東京都現代美術館等々で散見されるが、これらの美術館は兎も角として資料の収集・調査・研究・教育の場であるところの博物館では経済的経営に専従する博物館意識の脆弱な館長は、組織として不適当であると考える。仮に、経済界の出身者を館長に置こうとする博物館は、設立の理念自体が博物館として不明瞭なケースが多いように看取される。

## 資料・コレクションは博物館の骨格

　現在博物館を満たす種々の要件の中で展示が博物館の顔とするならば、資料は博物館を形成する骨格であると例えられよう。

　博物館機能の中でも、「展示」と「資料」は表裏一体とも言える関係にあり、優秀な資料の所蔵があってこそ、優秀な博物館展示が展開されるといっても過言ではなかろう。最終的な展示の優劣の決定は、資料の優劣によるものとなるのである。

　いかに優れた展示技法を駆使した展示であっても、資料自体が貧弱であった場合は結果的に優れた展示とはならないであろう。まさに、素材の良否が味を決定する料理と同様である。

　なお、本稿で称するところの「資料」とは、コレクション・収蔵品・館蔵品である集合体を意味するものである。一点かぎりの優秀な資料の収蔵を否定するものではないが、博物館資料としてより重要なことはコレクションのなかの個々の資料間より発生する相互関係である。これが学術情報なのであり、展示において見学者に伝達する情報なのである。

　かかる観点に立脚した場合、収蔵資料は博物館の骨格であり、生命なのである。したがって、確固たる収集の目的・範囲・規模などの明確な収集理念に基づき形成された収蔵品（コレクション）の優劣こそが、基本的には博物館の優劣を決定づける主な要因となるのである。

　確かに、欧米の博物館とわが国の博物館のコレクションでは、比較にならないと言っても過言ではなかろう。日本の博物館は"薄物館"であると倉田公裕[19]がいみじくも揶揄したように、特別展と貸ホールで運営する公立美術館などは本来存在してはならないである。

　同様に、わが国の博物館や郷土資料館の多くに該当するように、一時のそれも断片的な収集による収蔵品では本来博物館は成立しえないものと考えられる。その原因は、体系的な収集理念に基づく資料の蓄積を待たず短絡的に博物館建設を行ったことである。開館後は当然の如くして収集機能が皆無といった状況が続いている博物館は、もはや博物館・資料館の名称の使用を再考すべきである。当該博物館の設立理念に基づき、そこに研究成果が常に介在する収集

理念があってこそ、はじめて人をして魅了させずにはおかない良質なコレクションが生まれるのである。コレクションの形成に終わりはない。もしあるとすれば、博物館が終焉を迎える時である。コレクションは、常に継続し増殖することが、研究の成果を生み、新しい展示情報となるのである。

収集は、古くは「蒐集」と表記された。この意味したところは「草の根を掻き分け、心を鬼にしてものを集める」ことから発したと一般に言われて来た。字義からは誤った解釈なのであるが、収集の困難さを言い表す意味からは言い得て妙である。

したがって、よく目にする乏しい収蔵資料あるいはまとまりのない収蔵資料でも今日の展示技術を駆使すれば一見立派な展示が出来あがるが、それらは二度と見学者を呼べないものであることを認識せねばならないのである。

故に、優秀な収蔵品を持たない博物館建設は控えるべきで、資料の収集・調査に専念すべき時であることを自認せねばならない。

また、博物館の集客の基本はコレクションにあることも博物館設置運営者は忘れてはならない。

## 入館料の無料化―博物館最大のバリア―

博物館法第23条に「公立博物館は、入館料その他博物館資料の利用に対する対価を徴収してはならない。但し、博物館の維持運営のためにやむを得ない事情のある場合は、必要な対価を徴収することができる」と記されているように、より多くの来館者を招き生涯教育を実行しようとする博物館であるならば、博物館の入館料は原則徴収してはならないのである。

しかし、わが国の多くの公立博物館は、公立でありながらも深慮なく、博物館法第23条に記されている但し書きの部分を拡大解釈することにより本筋を曲折した解釈をもって、わずか200～300円の徴収を安易に実施しているのである。

入場料の無料を示す看板

いったい何の意味があるのか、極めて疑問なところである。200〜300円の入館料といえども、その設定がどれほど入館者を阻害しているかを再認識すべきであり、博物館教育の基本に立ち返るべきであると考えるのである。

　税金で運営されている公立博物館にあって、極めて不思議としか言いようのないことである。博物館と同様の社会教育機関の図書館は無料であるところからも、ますます判然としないものがそこにはある。

　わが国での博物館の入館料に関する歴史を見てみると、先ず明治8年（1875）に山下門内博物館の門外に掲げられた告示には次の如く記されている。

　　1、本局陳列ノ物品ヲ縦覧セント望ム者ハ切手ヲ持参スベシ　但5歳未満ノ者ハ切手ニ不及候事（以下略）

　　　　　　　　明治8年3月　　　　　　　　　　　博物局

明治8年の時点で、5歳児以下は無料としながらも明らかに入館料が必要であったのである。

続く明治15年の「博物館来観人心得」と「動物園来館者心得」は曜日によって入館料を3種に区分するなど細分化されているのが特徴である。

　　博物館来観人心得
　　（前略）
　　1、観覧札ハ左ノ3種ニ区別ス（動物園と書籍館ハ別ニ札アリ）観覧者ハ必ズ1枚ヲ携フベシ
　　（但　5歳未満ノ嬰児ハ観覧札ヲ要セズ5年以上十年以下ノ者ハ半価ノ札ヲ携フベシ）

　　紅色札　　1枚価金5銭　日曜日ニ限ル
　　青色札　　1枚価金3銭　火水木金曜日ニ限ル
　　黄色札　　1枚価金2銭　土曜日ニ限ル

　　此札ハ館ニ入ルトキ門衛ニ渡シ在館札ト交換シ在館札ハ館ヲ出ルトキ門衛ニ返換スベシ（後略）

　　　　　　　　明治15年3月　　　　　　　　　　　博　物　館

　　動物園来館者心得
　　（前略）
　　1、観覧札ハ左ノ2種ニ区別ス観者必ス1枚ヲ携フベシ（但5年未満ノ嬰

児ハ観覧札ヲ要セス。5年以上十年以下ノ者ハ半価ノ札ヲ携フヘシ）
　　紫色札　　1枚価金2銭　　日曜日ニ限ル
　　緑色札　　1枚価金1銭　　火水目金土曜日ニ限ル
　此札ハ園ニ入ルトキ門衛ニ渡シ在園札ト交換シ在園札ハ園ヲ出ルトキ門衛ニ返還スヘシ（後略）
　　　　　明治十五年三月　　　　　　　　博　物　局

　日曜日が最も高く、土曜が安く、5歳から10歳までが半額であったことも特徴である。また、博物館の月曜休館は既に開始されていたことも窺える。
　つまり、入館料の徴収は、わが国の博物館出現のごく初期の明治8年の時点からの思潮であったことは明白である。このことは、博物館もやはり当時の見世物と同類、あるいは延長としての捉え方に終始した結果であろうと考えられる。したがって、博物館法第23条の不明瞭な表現は、当該期の"入館料の徴収ありき"の思想に基づく必然的結果と言えるのである。
　この入館料徴収問題に関しては、大勢の博物館学研究者が無料化を主張してきた歴史を有する博物館の要点である。早くも明治26年（1893）に、教育者であり色漆の発明者でもあった田原榮が無料化に関する明確な指摘を、新聞紙上で行っていたのである[20]。
　　　一般人民に普通知識を養成せしめんため観覧料を廃し説明書閲覧料のみ
　　　収納することヽすべしと説けり
　筆者の知る限りでは、入館料の徴収の目的は博物館の維持運営の資金を得るためのものでは決してなく、入館者の管理を入館料によって行うとするものであろうと予想している。この点は博物館の入館料の安価なことからもなずけよう。また、入館料を徴収するにあたっては、そのための職員も必要とするが、その人件費を考慮すれば明白なことである。しかし、入館料によって入館者を管理・規制することは、まったくの場違いとしか言いようがあるまい。入館者の管理が必要であれば、異なった形態はいくらでも実施できよう。
　入館料を徴収することは大きな弊害を生み出している。バリアフリーを声高に謳う博物館にとって、実は博物館の最大のバリアは入館料なのである。
　日本人の多くは、欧米諸国の人々ほどは博物館を日常生活の身近なものとして感じていない。それは博物館の利用のしかたの訓練がなされていないことが

原因と考えられる。つまり、欧米ではそれを誰かに教えられるのではなく、少年・少女期において博物館を遊びの場として利用することに端を発し、成長と共に自ずとその本来の利用法を理解し、日常生活の一部に組み込んでいくものと解釈される。わが国では、こ̇ど̇も̇科学館と名を冠した博物館すら有料なのである。何の為のこ̇ど̇も̇科学館なのか市民が吟味する必要がある。

　わが国の場合は、知識欲の最も旺盛な時期に博物館利用の訓練がなされなければならないにもかかわらず、足を運ぶ際に入館料と言う障害が大きく阻んでいる。公立博物館のわずかな入館料も、子どもにとってみれば大きな負担である。大人になってから訓練しても、もはや遅すぎるのである。

**招待券・無料パスポートの発行**　博物館入館料に関して、集客力の高揚のためには対価を徴収してはならないことは、前述したとおりである。ただ無料にすれば良いというものでもない。つまり、原則無料であっても招待券・優待券・無料パスポート等々の発行により、無料であることの強調と、それにより得をしたと思う満足感が集客を高めるものと看取される。すなわち、呼び水としての招待券・優待券・無料パスポートなりが必要なのである。

　総称するところの招待券は、県立博物館であれば「県民だより」、市町村立博物館であれば「市・町・村報」等の広報誌に毎回印刷すれば良い。これも何年度といったように期限を限定することが人間心理に訴え、来館を促すこととなろう。結果として招待券の利用率は高められ、博物館への誘いは達成できるものと思われる。当該地の住民以外のビジターへの対応は、市内のホテル・民

リピーター割引制度
（大分市博物館）

JAFの会員割引
（島根県立古代出雲歴史博物館）

宿・レストラン・道の駅等々に置いてもらい広く広報することが重要である。

　長野県松本市立博物館では、市内の小中学生を対象に年間無料パスポートの配布、松本市への転入家庭へは1年間の無料パスポートを、さらには成人式の折にも新成人に対し無料パスポートを配布するなど、博物館への誘いに努めている。

**無料駐車場の設営**　利用者の便宜を考えることが、すなわち集客力の向上に直結する要因であることは確認するまでもない。便益施設としては、駐車場／トイレ／休憩所／レストラン／売店／ミュージアム・ショップ／自動販売機／コインロッカー／授乳室等が存在し、いずれもが重要な施設・設備である。

　かつては、博物館建設地の要件の第一に、「駅前」が好ましい場所としてあげられていた。しかし、わが国の社会情勢の大きな変化によりもはや駅前は必ずしも人々が集う場所ではなくなったのが現状である。特に地方においてこの現象は顕著であると言えよう。このことは、鉄道から自動車への交通手段の変化に起因することは確認するまでもない。

　したがって、博物館への来館の手段も車であるところから必然的に駐車場が必要となるのは当然である。逆に言えば、駐車場のない博物館は利用不可能なのである。このことは、幹線道路沿いに位置する郊外レストランやコンビニエンスストアー等と全く同様なのである。

　つまり、駐車場がなければ始まらないのである。それも無料であることが重要なのである。仮にレストランやコンビニエンスストアー等の駐車場が有料であった場合は、来客を阻み来店者数が大幅な減少結果となることは容易に推測できる通りである。博物館も全く同様であることを博物館経営者は認識しなければならないのである。

　さらには、駐車場は博物館の入口に近ければ近いほど好ましいことは確認するまでもない。

　博物館と駐車場の位置関係において、駐車場から博物館の間を導入部に位置づけ両者の間をなるべく遠距離とする考え方が一時流行した。実例としては、奈良県立民俗博物館や北海道開拓記念館等々に看取されるタイプである。確かに一理ある考え方であるが、身障者やデイケアーの実例をあげるまでもなく雨の日もあるであろうし、良いか悪いかの議論は兎も角として遠い駐車場は嫌わ

れるのである。同一駐車場であっても入口に近い駐車スペースから埋まって行くことをご存じの方も多いであろう。動もすると現代人のなかには、可能であれば展示室の中までも車を乗り入れたい心境をお持ちの方もおられるに違いない。

確か熊本県立装飾古墳館も、開館当初の駐車場は丘陵下の離れた場所にあったと記憶しているが、現在は博物館のすぐ傍に位置を変えたことからも、本要件は利用者にとっては極めて重要であったからであろう。

## 地域文化の核としての"道の駅"を持つ有利性と博物館

博物館設置場所の必要条件の第一は、当該博物館の専門領域に応じた博物館的環境を有する地域であることがあげられる。つまり歴史・美術館といった人文系博物館であれば、当該地域における遺跡や史跡があればそれらが遺存する地域が好ましく、また自然系であればその中での専門領域により異なるが、川・沼・自然林・断層・化石層といった博物館の内容に関与する環境が存在する地域が最適と言える。

第二は、必然的に人々が集う場所であることが肝要であり、第三には交通の便のよい点があげられる。

第二・第三の要件を満たす場所としては、従来鉄道の駅前及び付近が最たる場所であったが、交通手段の大きな変化に伴いその特性は徐々に薄らいだと看取される。殊に地方に於いては顕著であり、極端には廃線により駅すら消滅したところも少なくはないのである。

かかる現状のなかで、これらの要件を兼備し、従来の占地要件以上の集客を期待できる場所の一つとして、"道の駅"があげられる。

**道の駅の設立目的とその概念**　平成5年（1993）2月に制度化された道の駅設立の目的は、①休憩機能、②情報機能、③地域振興機能、④連携機能であり、これら4大機能

地域の核であることを明示する
郷土資料館（千早赤阪村郷土資料館）

の更なる根底の基本概念については、次の如く明示されている。
　・道の駅を特徴づける最も基本的な概念は交流という概念である。
　・道の駅を単なる休憩施設や特売品直販施設、ドライブインから差別するのも、施設や運営がこの概念に裏打ちされているか否かの点にある。

　以上からも明白であるように、道の駅は地域住民と道路利用者との交流空間の創出の場であり、具体的には従来のドライブイン等の基軸であった飲食・休憩に決して留まることを目的とした施設ではなく、休憩の上にさらに情報交流・地域連携の機能を重点的に加味した空間、場であると解釈されよう。
　つまり、道の駅は旧建設省の称する機能複合体である、複合多機能休憩施設なのである。

**郷土博物館との共通理念**　そうした場合、キーワードである交流、即ち人的交流、情報交流、具体的にはビジターに対しては地域文化の情報伝達であり、当該地域の人々にとっては郷土の確認となるものであるところから、正に道の駅

道の駅の案内図（秋田県道の駅てんのう）

同民俗展示

同野外部

同展示室内

の理念は郷土博物館の基本理念と共通するのである。

　つまり、郷土資料館型博物館は、当該地域の文化の核であり、ふる里の集約であるが故に当該地域の在住者は元より、中でも出身者にとってはふる里の確認の場であり、他地域からの交流者にとっては当該地域の知悉を基本目的とするところに、道の駅と郷土博物館の両施設は共存の可能性が充分あり、必要とするのである。

　抑々、地域博物館は、地域志向型・中央志向型・観光志向型に分類されるが、地域志向型であることが地域博物館の絶対的要件であろうし、また中央志向の必要性は当然否めないものである。中でも地域文化の情報発信に基づく文化交流・人口交流を果たすには、当然のことながら観光志向がなければならないのである。この点も、道の駅と基軸を一にするものであると看取される。

　事実、前述した道の駅の付属施設である博物館・美術館・工芸館や体験学習館などは、自然、歴史、文化、産業等々の総合的情報の発信・情報伝達に位置づけられ、併存しているのである。

**博物館の有利性**　道の駅は、基本的な経営面のみをもって博物館と比較した場合、①占地の点、②休憩施設・商業施設を有する点、③野外（総体的に広範囲な敷地面積を有する）での展開が組み込まれている点と言った以上3点が、公共施設としての有利的特性であり、この3点は博物館側にとっても希求される要件であると看取される[21]。

　①占地の点……先ず、道の駅は当然のことながら通常道路に面して設置された施設である。それも、多くは交通の要衝である幹線道路に付帯する施設であるところから、いずれの公共施設と比較した場合でもその利用率、及び集客力は格段に高い施設であることを特徴とする。

　　即ち、集客能力が著しく突出しているのである。再三繰り返すが、従来鉄道の駅前及び駅付近は、集客特性より生まれる大きな展示空間が発生するところから、博物館の占地に於いても好ましい要件を有する場所とされて来たが、所謂―モータリゼーション進展に伴いその特質は徐々に薄らいだ。殊に都市圏域はともかくとし、地方に於いての当該現象は顕著であり、極端には廃線により駅すら消滅したところも少なくないことは記した通りである。

なお、道の駅と鉄道の駅に集まる人々の目的は全く異質なものであると言って良いだろう。つまり、前者は休憩・情報収集や物販・食物の購入を通じた地域交流が目的であるのに対し、鉄道の駅は基本的に乗降のみが目的であった。
　したがって、仮に両者に博物館を併存させた場合、道の駅博物館の方がより多くの入館者が訪れることを想定して間違いないものと考えられる。つまり、道の駅の設立理念は、前述した如く博物館の設立理念と共通する為であり、したがって道の駅には休憩・やすらぎ・情報収集・当該地域の熟知（地域交流）を目的とした博物館が是非とも必要なのである。
　占地の上での道の駅の更なる利点は、博物館の設置場所として好条件である歴史的、自然的、景観的好条件な場所に設置できることであり、この点も博物館活動に照らし合わせて見れば好ましいことである。
②休憩施設・商業施設を有する点……博物館でも、休憩面はある程度担え得るであろうが、商業施設は困難である。今後も小規模なミュージアム・ショップは別として、商業施設そのものの設置は不可能であろう。
③野外（総体的に広範囲な敷地面積を有する）……道の駅は遺跡や史跡・近代遺産、旧小学校・役場等の歴史的建造物、景勝地等々を取り込んだ施設が既に数多く設置されているのが現状である。それらは、従来のドライブインのイメージは勿論機能の上でも、またその規模に於いても払拭する広範囲な面積を有する施設が多いのもまた事実である。
　これは表現が不適格であるかもしれないが、現在の郷土資料館型の地域博物館を今後諸機能に於いて完成させてゆくよりも、道の駅を地域博物館として博物館意識をもとに整備した方が早く、且つ完成度の高い文化・商業複合施設として完成するものと予想される。なぜならそこには、交流人口の集中と娯楽に呼応する商業機能と休憩施設、さらには野外的要素が存在するからである。
　また、道の駅にとっては地域の文化資源の活用化がさらに明確となり、地域文化の発信・振興と交流の学術的・文化的深みがさらに増大するものと考えられるのである。
　昭和30年頃までは、わが国の地域社会に於いて小学校は地域の核、核の中でも原点であったことは違いない。それが今日に至っては変容し、地域文化の

核は博物館であり、公民館・図書館といった生涯学習機関であると把握されるに至っているが、野外的要素や遺跡・史跡等々の地域文化資源及びそれらの情報伝達手段である博物館が加味されることにより、道の駅はかつての小学校がそうであったように、地域の文化的核の中でも原点に比定される施設と変貌するものと考えられるのである。

## 博物館の教育活動

博物館の教育活動は、大きく分けて館内活動と館外活動に二分される。

前者の館内活動の核となるものは、常設展示と特別展示・企画展示を含めた所謂展示であり、これに加えて講座・講演会等々の館内授業や職場体験学習（インターンシップ）や博物館実習生への教育等である。

これに対し館外活動では、大きく分けて学校支援と地域支援がある。そこには出前授業・移動展示・教材の貸し出し・フィールド調査・地域イベント等々があり、中でも出前授業と呼称する館外活動が広く実施されているのが現状である。

**博学連携の目的**　博物館の大局的目的は、博物館法第一条の目的からも明白であるように社会教育法の延長上での博物館教育であることは間違いのない事実である。

このことは、わが国で博物館学の発生期である明治８年（1875）に、澳国博覽会事務副総裁であった佐野常民が記した「博物館設置に関する意見書」[22]からも窺い知ることが出来る。そこには、下記の如く記されている。

> 博物館ノ主旨ハ、<u>眼目ノ教ニヨリテ人ノ智巧技芸</u>ヲ開進セシムル在リ夫人心ノ事物ニ触レ其感動識別ヲ生スルハ眼視ノ力ニ由ル者最多ク且大ナリトス国ノ言語相異リ人ノ情意相通セサル者モ手様ヲ以テスレハ其大概ヲ解知スベク物ノ研豈美醜ヲ別シテ愛憎好悪ノ情ヲ発スルト其形質体状ニヨリテ製式用法ヲ了会スルト斉ク眼視ノ力ニ頼ラサルナシ古人ノ云ウアリ百聞ハ一見ニ如カスト人智ヲ開キ工芸ヲ進マシムルノ最捷径最易方ハ此眼目ノ教ニヲ展列シ人民ノ縦観ニ供シテ以テ之ヲ観導鼓舞スルノ原因タリ（傍線、筆者）

博物館の受容期であり博物館学の揺籃期でもあった当該期に於いても、既に

博物館設立の目的は、教育であったことが窺えるのである。

　博物館は、教育を目的とする機関であるとする思潮の萌芽は上記の通りであり、ここののち黒板勝美・棚橋源太郎・木場一夫・鶴田総一郎・倉田公裕へと時代を追って明確に理論化され、増幅されていったのである。なかでも鶴田総一郎は昭和31年（1956）に記した「博物館学総論」[23]のなかで博物館に於ける展示を教育に位置づけたことは前述した通りであり、結果として博物館の目的は教育であることを広く印象づけたことは周知の通りである。当該論は、当時の博物館界に大きな変革を齎したと言えるものであった。

　さらに、倉田公裕は、氏の代表的著作である『博物館学』[19]のなかで次の如く記している。

　　社会により、社会のために、社会によって作られた博物館は、あくまで人間社会に奉仕せねばならないであろう。即ち、博物館において一体何のために収集をし、保存をし、研究をするのかを問いつめると、それは、博物館活動を通して、広義の人間教育のためになされているものと言いうるであろう。

　倉田の考えは鶴田の教育論を強化した理論とも評せられるもので、博物館の目的はあくまで教育であって、博物館資料の収集は教育を目的に行われるのであり、資料の保管・保存、研究に代表される博物館のすべての機能は、教育を目的に実施されるべきであると提言したものであった。

　以上からも明確であるように博物館教育の目的は、決して学校教育の補助教育ではなく、あくまで生涯学習の完遂を指標とした教育方法でなければならないのである。したがって、学校教育と比較すると博物館教育は生涯学習であるところから、学校教育はその関与する時間と内容とを照らし合わせた場合でも明確であるように、生涯学習の基礎部分に比定することができよう。かかる観点に立脚した場合、博物館が実施する博学連携の理念とその具体においても、生涯学習としての大局的な見地の中での設定の必要が生じてくるものと考えられるのである。

　つまり、授業としての博物館見学や出前授業等は、将来に視点を据えた博物館理解者・利用者を養成する大きな契機となる博物館活動であることを明確に意識した内容で実施しなければならないと考えるのである。

**スクールミュージアム**　「スクールミュージアム」とは、ミュージアムパーク茨城県自然博物館が県下の小学校を対象に、空き教室等を利用して博物館と学校（生徒）が一体となって作っている学校博物館である。スクールミュージアム整備事業の目的は次のとおりである。
　・地域の自然にたいする確かな知識を持った人材の育成。
　・学校と博物館との協力体制の強化による教育効果の向上。
　・茨城県の豊かな自然の調査と保護。
　・博物館と学校や関係協力団体とのネットワークの深まり。
　以上の目的をもったスクールミュージアムは、常設であることと、博物館の学芸員が定期的に当該施設を訪れ生徒と共に資料の製作から展示までを行うと同時に、テレビ付き携帯電話を用いた「ビジュアルネット」で生徒の質問に答えたり、具体的な標本製作を指導している点が、最大の特徴である。
　現在茨城県下の筑西市立関城西小学校・下妻市立大形小学校・つくば市立二の宮小学校・古川市立水海小学校・美浦村立大谷小学校をはじめとする8小学校を対象に実施されている博学連携の一形態である。「スクールミュージアム」なる呼称名は、ミュージアムパーク茨城県自然博物館によるものである[24]。
　当該事業は、博学連携意識に基づく学校附属博物館の形成であり、従来の定型化したタイプである出前授業とは、下記の4点を特徴とする点で基本的に異なる形態である。
　①市（区）町村立博物館と小学校の連携が従来の基本であったのに対し、県立博物館と小学校の連携である点。
　②博物館の収蔵資料を持ち出し、教室や学校博物館で展示するに留まらず、学校サイドでの資料の収集、製作を児童と共に行い展示する点。
　③通常出前授業の専門領域が民俗・考古系を一般とするのに対し、自然系である点。
　④博学連携の常套である一過性の出前授業を、さらに前進させた恒常的な連携である点。
　以上の4点の中でも最大の特質は、④であると看取される。つまり、地域博物館の博学連携としての学校博物館は、従来より各地で実践されてきたことも事実である。その多くは、学校を博物館のサテライトとし展示室を設けた事例

であるが、それは決して学童参加型の学校博物館ではなかったのである。つまり、ミュージアムパーク茨城県自然博物館によるスクールミュージアムの概念は、棚橋源太郎が「児童本位学級単位の博物館」と記した構想の具体とも見做せるのである。棚橋のいう児童本位学級単位の理論は下記の通りである[25]。

> 今日の教育思潮に鑑みて、これを児童自らをして収集加工し、陳列保管せしめる児童博物館にして見たならば、学級単位に各教室内に、児童の手で造らしめて見たならば、児童に尊重愛用されはしないだろうか。少なくともそれを造りあげるまでの児童の努力と操作に、教育価値が認められはしないだろうか。一応考えて見る必要がある。

各教室は兎も角として、この棚橋の命名する「児童本位学級単位の博物館」は名称からも理解できるように、あくまでも児童を中心にした参加性を評価、強調した思想であった。

この一方で、棚橋は従来型の学校博物館を明確に否定しているのである。昭和5年（1930）刊行の『眼に訴へる教育機関』[26]で、アメリカにおける学校博物館を例に否定論を展開している。その後、4半世紀を経た昭和28年の『博物館教育』[25]では下記の如く否定論を展開している。

> わが国では明治の末期から大正に亙って、一時郷土教育の重要性や教育地方化の必要が強調されて、全国の小学校に郷土資料室とか郷土室とかいうものが盛んに設けられて、地方的史料、理科地理などの資料が陳列されたことがあった。（中略）
>
> 郷土資料室ばかりでなく、当時岩手県立女子師範学校附属小学校では、創立五十周年を記念して、校内に児童博物館を建設し、落成式を挙行して公開している。また高知市の第三尋常小学校にも小規模ながら、構内に特設の建物を有し、甲冑などいろいろな資料が陳列されていたのを筆者は拝見した。ところがどうだろう、こうした全国多数の郷土室（博物館）で今日なを現存して利用されているものが果たして幾校あるだろうか。幾十百の学校博物館は何時となく、その影を没して終わったではないか。この事実に鑑みても、小学校の学校博物館というものが児童教育に余り必要な設備でない、ことが知られるのである。

「小学校の学校博物館というものが児童教育に余り必要な設備でない」と結

論しているのであるが、棚橋にしては余に短絡的な考え方であるように思われる。上記の文意から、棚橋が学校附属博物館を否定する理由は博物館自体の継続性であって、その原因は学校附属博物館を直接運営する"人"を欠いていた点に尽きるのである。このことは、今日の郷土博物館においても同様であり、"人"である博物館意識を有した熱心な学芸員の配置が、先ず博物館を形成、運営する基本であることを忘れてはならないのである。

　翻って、博物館と直結するスクールミュージアムの設置は、学校教育の上からは勿論のこと広く社会での博物館理解者の養成にも必要とする博物館事業であり、継続を期待したい。

　したがって、博物館と学校との連携は一時的な出前授業に留まらず、さらに一歩進めた恒常的連携となるスクールミュージアムの設置が望まれるのである。それは博物館を核とした分館に位置づけることにより、子ども達と核である博物館への結びつきが強化される、延いては社会的に博物館利用者の高揚に繋がるものと予想されるのである。

　また、棚橋が学校附属博物館を否定した根本的理由である運営者の問題に関しては、スクールミュージアムの維持経営には筆者らが別稿[27]で提唱している学芸員教諭の配置の実現が、この問題点の解決方法であると考えるのである。

## 博物館疲労（鑑賞疲労）の抑制

　ここで言う博物館疲労とは、博物館利用者が博物館内での見学中に肉体と心理の両面に感ずるすべての疲労感をさすものである。具体的には、堅い床面上の長時間の立ち歩きにより発生する足腰への肉体的疲労をはじめとし、展示が単調で面白くなく全く興味を持てないところからの倦怠感や、天井が低く窓のない暗い限定空間からの圧迫感と閉塞感等々が相俟った疲労感である。混雑した展示室では、さらなる精神的疲労が加算されることとなる。

　前者の肉体的疲労の発生を抑制するには、展示空間の床材の選択と構成・室温調整・照明の選択・動線計画・休憩設備／施設等の物理的な改良により、開放的空間での快適性を追求した環境の創出が重要である。これには資料の保存意識とは異なる博物館経営の観点を必要とする。

倦怠感を代表とする心理的疲労の削減の基本は、見る者が充実した知的満足感を得られる魅力ある展示を実施することが肝要である。それには美術資料は兎も角として、考古・歴史・民俗・動物・植物・鉱物・岩石・化石等の学術資料は説示型の総合展示により、見学者に"驚きと発見"が生じるような展示を構成することで、心理的疲労の発生は軽減できるのである。誰しもがそうであるように物事に夢中になっている時には、心理的疲労は勿論のこと、肉体的疲労さえも忘れているのである。

また、常に受身であることが倦怠感を招く最大の原因であるから、受動態展示から体験型や参加型展示といった能動態展示を組み込むことが重要である。

さらにまた、ミュージアム・ショップや写真撮影といった開放感を伴う娯楽要素も当然兼ね備えなければならないのである。

**展示室の床材の必要要件**　博物館の展示室を構成する床材について最初に記したのは明治26年（1893）の神谷邦淑[1]であろうと現在のところ見做せよう。

　　凡そ床面ハ其足響の少なくして且觸館の柔なるものを用ゆへし耐火床面にコンクリートを露出せるは其觀の美ならさると響き及足感等皆適せず廣間に花崗石或は大理石を敷けるは其美觀を專らとせる例にして列品室に在ては石瓦等皆不可なりアスファルトは其性弾力ありて足感甚柔かに且靴響少ふして其利多きも其使用法ハ甚容易ならす又觀美に適せさるへし故に普通木板を以て之に充てたりコンクリートの上に直付すれは其響稍減するを得へし

博物館全般の床材は、コンクリート・木材・樹脂・石材・焼物（タイル・レンガを含む）・繊維材等に大略区分される。いずれの床材においても共通する必要要件は、平滑で安定していることと、清掃がたやすく保守管理が簡単なこと、響いたりせず靴の踵との接触による発音がしにくいこと、滑らず足元の安定感が常に得られること、資料や人体に悪影響を与えるガスなどが発生しないこと等々があげられよう。

中でも博物館内での展示室は、博物館利用者が立ち歩きによる最も滞留時間の長い床面であるから、上記の足腰への肉体的疲労の発生を極力抑制できる素材を選択する必要が求められる。それ故に、硬質な床材は必然的に避けなければならない。また硬質な床材である上に、研磨された花崗岩・大理石等の石

鏡現象を起こすフローリング床

材による床は、疲労の発生のみならず滑る可能性が高いことから、人は自ずと足元に注意を集中し、見学以前に別途の精神的疲労を蓄積することとなる。一般的に美術館で多用されている床材のフローリングも、さらに発音と反射が加わり不適切であると言わねばならない。

したがって、好ましい床材は柔軟性を有することにより疲労の発生を軽減させる絨毯・カーペット類であるが、絨毯は清掃を始めとする保守管理と価格の点で選択しづらい材料でもあろう。絨毯の管理の難しさと高価格の不適正を補い、床材の必要条件のすべてを満たす床材としてタイルカーペットが最も適していると看取される。

なお、床の免震構造についても考えねばならない要件である。

**回廊・回遊式展示室**　本形式の展示室の必要性について論述した初めての論考は、前項でも引用した明治26年 (1893) に記された神谷邦淑による「博物館」[1]であり、当論のなかで神谷は「中底の利益」(「中底」は「中庭」を指す) と題する章を設け、次の如く目的を的確に述べている。

　　列品室を照らす目的を以て往々舘内に中底を作るの必要あり是れ換氣の目的に向つても亦其便利なりとす而して今余の言はんとする中底の利益は獨り此二件に止まらざるなり即園景を此處に作り以て看客の疲眼と勞脚とを救ふへきなり

神谷は、中庭を伴い構成される回廊式展示室の目的を、採光・換気・博物館疲労の軽減と断じて、その必要性を記したのであった。

次いでは、内田四郎によるもので明治36年のことである。当該論文[28]は、博物館理論に留まらず博物館を工学的視座をも含めて論述した異例とも看取される論文である。明治30年代は、筆者が別稿[29]で記したようにわが国における博物館学の確立期であり、当該期を構成する代表論文で有ると言えよう。内田は、「中庭及ロッヂャ　Court　yard　and　Loggia」の項で所謂回廊につい

て次の如く記している。

> 繪畫陳列館に限らず凡て公衆的の建築として世にあるものは中庭を取ること多し中庭の必要は更らに喋々するを要せずと雖繪畫陳列館の如きは一層の必要を感ず中庭は採光の便あるのみならず時としては一個の休憩所となし或はガラス屋根を以て之れを蓋い繪畫の陳列室に用ふることあり然れども一般に中庭は繪畫の陳列に於ては階下に於て必要あるも階上に於ては頭光法を用ゆること多きを以て採光上殆ど無用なる場合あり

つまり、内田は回廊・回遊式の基本構成要素である中庭がもつ利点と利用法を、採光と休憩所と記しその必要性を力説したのであった。

この点に関しては、広島平和記念館や国立民族学博物館等を設計した建築家の黒川紀章[30]も、博物館での回遊式建築の必要性を説いている。

> 大型博物館の展示室の如き、全体に暗くて窓のない天井の低い限定区間に身を置く場合、人は常に圧迫感と不安に苛まれることは確認するまでもない。換言するところの博物館疲労の発生源は、ここに潜在しているのである。ここでの"不安"とは、大型空間であればあるほど方向感覚を失うことによる空間の中での自分の位置の喪失であり、そこに発生する疲労とはこの位置の喪失に自ずと対応する心理作用が齎す結果であると看取されるのである。当然かかる空間では、この意味でも熟覧などありえないのである。

結論から記すと、博物館建築は大きくても小さくとも中庭を有する廻廊式展

回廊式建築（萩博物館）

回廊式建築
（日高町立門別図書館郷土資料館）

示室であることが集客を高める基本要件である。その利点については、常に中庭の視認が可能なことによる圧迫空間からの開放、建物内で自分のいる位置と入口・出口等の配置関係が自然と認識できるという不安感からの開放である。さらに、中庭の具体にも左右されるが植栽や噴水・喫茶・レストラン等の構成は、癒し空間の構成でもあり、集客を高める大きな要件であると考えられる。

　以上の利点の複合による博物館疲労の解消、中庭を野外展示場としての利用および博物館教育活動の場としての利用、人口照明の光源数の減少による電気需要の大幅な軽減等が期待される。

## リピートを高める展示室の面積

　博物館に於ける展示は、博物館を代表する機能であり、さらに突き詰めれば博物館そのものであると断言しても過言ではなかろう。すなわち、我々が通常博物館に行くということは、具体的には展示室に行くことなのである。故に、一般の認識としては博物館イコール展示室であり、博物館に於ける展示行為こそが、他の教育機関と博物館を明確に区別し、博物館を決定づける機能であることを常に忘れてはならないことは前述した通りである。

　ところが博物館はまた一方で、資料保存を担う機関でもある。博物館法第3条（定義）には、収集・保管（存）・研究・展示と4大機能と称されているが、必ずしも並列の関係で把握し得るものではない。

　つまり、人文系博物館、中でも歴史・民俗（族）・美術系の博物館に於いては、資料の保存行為こそが博物館設立の目的と意義の一つであるからである。要するに、過去の遺産である歴史資料・民俗（族）資料を保存し未来に伝達することが今を生きる我々全員の責務であり、これを社会的に遂行せねばならない機関が歴史・民俗（族）・美術系博物館なのである。

　以上の如く、博物館を代表する機能である展示と、人文系博物館の設立の意義である資料保存の両者は、博物館の不可避の要件であることに違いはないのであるが、また両者は博物館活動の中で大きな矛盾撞着を含んでいることも事実である。この相矛盾する展示と保存（収蔵）の間隙の中で博物館経営の主たる要点でもある見学者の滞留時間の延長と、中でもリピート客の誘引の上での必要性について考えなければならないのである。

従来より、博物館を建設するに際しての収蔵庫の面積は、展示室の面積の3倍が必要であると博物館・博物館学研究者の間で真しやかに囁かれてきたことは事実である。かかる観点は、具体的資料保存の施設としての収蔵庫の面積確保の重要性を意図した思考に違いなく、考古・歴史・民俗（族）・美術系博物館の設立目的を完遂し得る為の博物館の心臓とも揶揄できる不可避な施設であることに起因したのであろうと推定できる。当該点の裏づけは、昭和59年（1984）に野村東太ほかによる博物館での資料の収蔵・保管に関する全国調査の結果[31]によると、約半数の博物館が収蔵空間が不足していると答え、さらに近い将来不足をきたすであろうと回答している博物館は、約8割に達していると報告されている。このような実態から収蔵庫の面積は、展示室の「3倍」なる定説的思考が一般化したものと考えられるのである。

　確かに収蔵庫は広ければ広いほど好ましいことは当然である。がしかし、後述するごとく博物館経営の視点からは、より広い面積の展示室を必要とするのである。展示室と収蔵庫は両者とも広ければ広い程好ましいことは当然であるが、欧米の博物館と比較しても全体的に狭小なわが国の博物館に於いては、何もかもと言う訳にもいかないこともまた当然である。

　しかし、筆者はリピート客の誘引・集客力の高揚の視点から収蔵庫の面積を割愛してまでも、より広い展示室の面積を上記目的完遂のために確保すべきであると考えるものである。

　平成15年（2003）6月に廃止された「「公立博物館の設置及び運営に関する基準」の取り扱いについて」（昭和48年11月30日　文社社第141号）の5　第五条関係には都道府県立・指定都市立と市町村立の博物館施設の面積とさらに施設内の用途別面積が明記されていたことは周知の通りであり、この条文で示された収蔵庫と展示室の面積が博物館展示室の面積の確保上支障となってきたものと看取されるのである。つまり、都道府県立・指定都市立博物館の望ましい博物館の床面積である6,000㎡のうち、展示・教育活動関係が2,500㎡、保存・研究関係が2,500㎡、市町村立にあっては総面積2,000㎡中、展示関係と保存・研究関係が850㎡と同等なのであった。この点が展示室の狭小化を招く根拠の一つになり、リピート客の誘引を阻害する結果となって来たものと指摘できるのである。

また一方、昭和45年（1970）の文化庁文化財保護部による「有形文化財（美術工芸品）の展示を主体とする美術品または美術工芸品を多く取り扱う博物館等の施設配置に関する基準について」では、美術工芸品の収納の為の収蔵庫は展示室の50％であること、展示室の面積は延べ面積の30％を超えず最低1,000㎡以上であることが望ましい、と明記されている。当該基準は、美術工芸品、即ち劣化因子に対して過敏で、保存の上で特に留意を有する資料群を意図しているものと思われる。それでも収蔵面積は展示室の50％以上なのである。そして、展示室の面積は延べ面積の30％を超えずと言うのは理解に苦しむが、最低1,000㎡以上であることが望ましいとする考え方は正鵠を射たものと看取されよう。

**展示室の面積増加に伴う滞留時間の延長とリピート客の誘引**　展示内容を第一義としても、10〜20分で見学し終える展示面積ではリピート客を呼ぶことなどは到底不可能なのである。つまり、展示室での滞留時間の延伸こそが、再度の利用者を招く原因となるものと考えられる。即ち、一度では到底見切れないと利用者が感ずる十分な展示面積と、"驚きと発見"が繰り返される内容の充実した展示の両者が相俟って、はじめて見学時間の伸長による智的充実感と同時に智的・体力的疲労の発生により智的欲求を継続しつつも見学の続行を余儀なく断念せざるを得ない状況が、再度の来館を促がす一つの要因になるものと想定されるのである。

**収蔵庫の必要面積**　先ず、筆者は博物館内の施設として収蔵庫が不要であったり、狭小で良いと述べているのでは決してない。わが国の考古・歴史・民俗（族）資料を対象とする郷土資料館タイプの博物館の収蔵庫が満杯で、荷解き室をはじめとする廊下等々まで博物館資料が横溢している状態は、まま眼にするところでもある。

　たとえ、展示室と同等の面積であっても、あるいは展示室の3倍の面積が確保されていたとしても同様な現象は発生したであろう。ここに収蔵される資料の多くは考古資料であったり、民具が中心をなす資料群である点もほぼ共通しているであろう。つまり、考古資料は遺跡の規模や内容にもよるが一度の調査でも夥しい遺物量が出土することは否めず、それも調査のたびに決して減ずることなく増加し続けていくのである。

また、民具も収集・寄贈の多い資料であるし、さらに不定形で大型な資料が多いところからも当然の如く限りある収蔵空間は不足することになる。
　博物館資料は、博物館の同一建物内で保存されるのが好ましいことは当然であるが、上記に代表される資料群の保存は、同一建物内でなくとも良いものと考える次第である。遺跡を発掘した場合の土器片や石片・土壌サンプル等々はいずれも無尽蔵の学術情報を内蔵した貴重な博物館資料であることは否定できない。しかし、博物館の優秀な収蔵庫での保管・保存でなくとも保存は可能であることも事実である。民具についても同様な観点での対応が可能であろうし、自然史系の博物館における岩石標本や化石標本等々も同様であろう。
　具体的には、博物館収蔵庫の面積を狭め、温湿度等々の保存要件に関しては優秀な収蔵庫を設置し、考古・歴史・民俗（族）資料等々のなかでも重要な資料については博物館の中に位置する優秀な収蔵庫での保存をはかり、温湿度の変化等々に関して保存上鈍感なものは、他のしかるべき施設での保管を企てることを提案するものである。そして、従来の収蔵スペースを展示室に改変することにより展示室の面積の拡大を目的とするものである。

**展示室もまた収蔵庫である**　前述のように収蔵庫を展示室とした場合であっても否であっても、たくさんの資料を展示室に展示することは、展示室に収蔵庫機能の兼備を必要とすることでもある。
　このことは、もう一方で博物館らしさを創出することにもなるのである。つまり、前述したように博物館に対する一般的なイメージは、古いものや珍奇なものがたくさん収集・保存され所狭しと展示されている場所であるといっても過言ではなかろう。このことは、幕末期に蕃書調所において未だ実見したことのない英語の「ミュージアム」にたいしての邦訳として百貨貯蔵館・百物館といった、いろんな物がたくさん在ることを意図した用語があったことからも窺い知れよう。この点からも明確であるように、"実物資料"を重視するといった展示要件もここから窺えよう。
　つまり、少なくとも1,000㎡以上の展示室で十分なる資料を使用した密度の濃い展示が完成されれば、見学者を満足させることが可能となると同時に、同一見学者をリピートする要因となるものと考えられよう。
　展示室の収蔵機能を高めるには、引き出しを造りつけた収蔵機能を有する展

第3章　集客力のある博物館の基本要素

収蔵展示（室蘭市民俗資料館）

示ケースが有効である。収蔵機能付きケースの特徴は、述べているように先ず収蔵資料の増加が図れると同時に、同一ケース内で概説展示と分類に基づく収蔵展示の二元展示が可能となることと、さらには見学者の自由意思によるハンズオンタイプの能動態展示へと変貌が可能なことが大きな特質である。このことは能動態展示の項でも確認した通りであるが、博物館展示では必要欠くべからざる要件である。

　ただ一つの問題は、通常の収蔵機能付き展示ケースの構造は、所謂ハカマ部分に引き出しを付帯しているものが多見される。これはハカマというデッドスペース部分を利用し、3〜4段の引き出しを設けているのであるが、見学者が引き出しを自ら引き分類された収蔵展示を見るにあたっての姿勢が問題となる。つまり、最上段は床からの比高が概ね50〜70cmはあろうから短時間であれば熟視も出来ようが、下段になればなるほど姿勢に無理があることを承知しなければならないのである。

　したがって、ケースの設計は基より下段の引き出し部の熟覧が容易に出来るように椅子等の配置も、見学者の身になって考慮しなければならない。

**博物館以外での保管場所**　博物館以外での保管場所としては、統廃合による学校や生徒数減による空き教室の利用であり、具体的事例は全国で少なくない。

　たとえば、網走市立郷土博物館は統合により平成12年（2000）に廃校となった市内の丸万小学校を、網走市立郷土博物館分館民俗収蔵展示施設として、具体的には収蔵庫として活用している。収蔵庫を本館と異なる場所に設けたことにより、昭和11年（1936）に建設された故に比較的小規模であった博物館の全室を、すべて展示室としての使用が可能となった。この増築を伴わない展示室の増加は、展示面積・展示空間の増加となり、展示資料の増加に伴う内容の点からも見学者が満足し、納得できる展示室に移行したものと看取される。

　また一方で廃校となっていた丸万小学校の再利用により、校舎を取り壊すこ

となく当該地域の象徴の一つでもあった小学校を保存したことは、地域の人々にとっては地域保存の観点での郷土の確認の場として、極めて意義深い事業であったことはここで確認するまでもなかろう。同様な事例は、青森県十和田市立博物館等々で実施されている。

次いで、空き教室を収蔵庫として活用する事例も多数認められるが、目黒区立守屋教育会館は、考古資料を目黒区立鷹番小学校に、民俗資料を目黒区立油面小学校の両小学校に分散収蔵するに留まらず、これらの資料を活用して展示を行い、学校博物館を設立しているのである。

今日一般に称される博学連携は一過性の出前授業に終始しているようであるが、ミュージアムパーク茨城県立自然史博物館が実施しているスクールミュージアム構想[32]や前述の目黒区で実施している学校博物館の設立による博学連携もあり、博物館を核とする学校博物館との博学連携のあり方も考えなければならない時期であると看取される。

網走市立郷土博物館

教室利用の収蔵展示状況

丸万小学校利用の民俗収蔵展示施設

体育館利用の収蔵展示状況

更なる収蔵場所としては、土蔵があげられる。地方に於いては過疎化や諸般の事情により空き家が増加の一途をたどっていることもまた事実である。そこで母屋はともかくとして、土蔵を借用し収蔵庫としての活用を提案するものである。ここで意図する土蔵とは、味噌蔵や米蔵ではなく書庫蔵・骨董蔵・家財蔵と一般に呼称される漆喰による総塗籠の入念な造りの土蔵を指している。土蔵は、本来資料の保存を目的とした建造物であるが故に、耐火性に富み、外光を遮断し、湿度変化に対しても完璧ではないまでも一定を保てる機能を有しているところからも、収蔵庫として積極的に利用すべきである。

## 自然光の取り入れ

**無窓空間の出現と光量減の理由**　博物館の展示室内の採光の重要性について岸田日出刀は、「美術博物館」[33]の中で次の通り記している。

　　陳列室内の物品がよく見えるためには、物品の陳列方法の具合にもよりますが、一番大切なのは採光法即ち光線の量・性質及び光線の方向であります。光線の量は陳列品の種類によっても異なり人によっても變りますから一定したものではありませんが、(中略)
　　次に光線の性質としては、1年を通じまた一日を通じてあまり變化のないものがよいのでありまして、天空からの反射光である北の方角からとれるものが一番よい譯であります。

　岸田は、上記から始まる博物館展示室での採光について、側光・高側光・頂光の三種をあげ大所高所から論じたものであった。
　外光の遮蔽目的による無窓建築、この人工照明による"暗くて見づらい展示"がわが国に定着した原因は、博物館の4大機能の一つである、取り分け歴史系博物館に於いては博物館設立の意義の一つでもある資料保存の観点によるものである。
　確かに、"光"は温度・湿度・酸素とともに資料を劣化・破壊させる4大因子の一つであることは否定しがたい事実である。
　かかる事実より、先ず自然光は、如何なる専門領域の博物館であっても、博物館の展示室に自然光を取り入れることは絶対にあってはならないとする文化財保存科学の考え方にやみくもに啓蒙され、忠実なまでに概念のみを盲信した

結果が、展示室には「自然光が存在してはならない」とする無窓空間を形成する博物館建築が常套となってしまったものと看取される。

また、無窓空間の出現と同時に、人工照明に於いても光量を減じ、見学者にとっての視認性よりも保存をすべての資料に優先されるかの如くの考え方が定着した。如何なる資料に於いても光は資料の劣化・損壊の最大の原因であるとする保存科学論の呪縛とも言える理論である。事実歴史系博物館では、今日でも博物館経営者には当然の如く信じられていると半澤重信[34]が指摘しているとおりである。

この考え方は、昭和24年（1949）に既に木場一夫によって下記の如く明記されている[35]。

> さて人工光線は太陽光線よりも調節しやすいから、季節や一日中の時によって照明を加減するに便利である。できるだけこの方法を採用したい。

天井光の取り入れ（ルーブル美術館）

自然光による照明
（大阪市立東洋陶磁美術館）

自然光による展示
（かほく市海と渚の博物館）

自然光の採光に関する展示パネル
（同東洋陶磁美術館）

自然光線は標本を損ずるばかりではなく、また室内の織物・カーテン・壁・布などをいためる。強い光線は展示品の背景に使つてある織物の色をさめさせるから展示品をとりかえる場合に、展示品のおいたあと形を残すものであり、また説明文の紙の質と色さえ變える。

また他の一つの障害は、窓や天井からの光を取る場合には、そこから塵や害虫を室内に運び入れる機會を與えるので、これらが標本をいためる原因となることがある。

木場は、太陽光を原因とする変退色による資料および備品等の劣化を理由に、電気による照明を選択したのであった。理を得た理論であったことは確認するまでもないが、昭和24年時頃には自然光の劣化原因である紫外線・赤外線・アルファー線等々の除去技術や製品がなかった故の考え方であったものと看取出来よう。

**光が劣化因子となる資料の材質**　確かに光は、資料劣化の原因である。故に、本観点のみを以ってしても、資料の保存行為と博物館での展示行為は相矛盾する行為であり、博物館の運営上で常に困難さを生じさせる問題なのである。

しかし、博物館資料を形成する材質のすべてが、光による劣化現象を受けるのではないことを確認しなければならない。たとえば、石材・金属・土器・陶磁器等の材質は、"光"による劣化因子に極めて鈍感である。また、直射日光ならともかくとして、間接光やさらには紫外線を代表とする悪因子をカットフィルム等を透過して除いた間接光であれば、木材をはじめとする植物質、動物質にもその影響は極めて少ないことは明白である。そうした場合、光による劣化が著しい材質としては、染色資料、絵画資料、印刷資料等の色彩を保持する資料があげられるが、これらはわが国の博物館の全体資料数からすると限られた資料数、即ち、そのパーセンテージは少ないものである。当然のことながら、光による変・褪色等の劣化を来たす資料に関しては、資料保存の観点より照明は十分留意しなければならない。しかし、上述の如く光による劣化の発生が極めて低い資料はこの限りではない点を再度認識しなければならない。

つまり、すべての資料が光に脆弱ではないのだから、これらに対しては自然光による照明は好ましく、劣化を生ずる資料は区別した照明や他の方法による保存を実施すべきであると考える。

即ち、見学者の為の快適空間の創出を意図する博物館経営の観点に立脚した上で、光による劣化損壊が発生し得る資料材質であるか否かを、見極めることが肝要である。したがって、土器・石器・埴輪等の考古資料を専門領域とする博物館では、出土木材・漆製品のごく一部を除けば、フィルム・フィルター等で悪因子を除いた自然光による採光で十分であると考える。闇雲に光は資料の損壊を齎すとする保存科学分野から誕生・育成させた呪縛的盲信から離脱し博物館学的見地より資料を見極めることが重要であると考える。

大阪市立東洋陶磁美術館では、一部の提示型展示資料に関して自然光を取り入れた照明を行っている。自然光取り入れによる照明であることを見学者に対しては伝えたうえで、人工照明の資料と比較することが出来るといった照明に関する展示の意義は大きいものと看取される。この鑑賞方法は、古来より青磁は秋の晴れた日の、午前10時ごろ北側の部屋の障子一枚を通した日の光の中で見るのが最良とされた伝統的作法を継承した展示と評価できよう。

**眼精疲労を発生する見づらい照明**　先ず、視認困難な理由として光量不足があげられるが、本理由に留まるものではない。明るさは50Lxあれば通常人の眼は被写体を十分識別可能とされている。

わが国の博物館展示の照明を見る限り、視認困難な最大の要因は、人工照明の多光源による影の錯綜とグレアの二原因に尽きるものと考えられる。

影の錯綜とは、人の眼は光と影を捉えることにより視認対象物を立体視する。つまり、一光源より発する光は一方向の影を生み出すところからある程度の明るさがあれば照度が少なく暗くてもそれなりに立体視が可能となるのだが、光源が2つ3つと複数になればなるほどそれにつれて影も増加し錯綜を招き、視認が困難となり、結果眼精疲労を招くのである。したがって、複数光源による照明は不適当であるのである。また、50wの光源を2つ灯しても100wにはならないのである。

さらに、多光源である為に光源そのものと、展示室の壁面はケースであるゆえにすべてガラスと言っても過言ではなく、ガラス面からの反射グレアが相俟って不快感と眼精疲労を生み出すのである。

以上の如く、低照度の中での複数光源による影の錯綜とグレア、場合によってはガラスケースの鏡現象も加わり、視認困難となるのである。したがって、

かくの如き原因による不快な展示空間は、再び人を呼ぶことは出来ず、博物館経営としては致命的であると考えねばならない。

**自然光の展示上の効用**　登石健三、見城敏子は、自然光の効用について次の如く記している[36]。

　　自然光をなぜ重視しなければならないかというと、それ自体が時々刻々変化し、北の青空光や曇天光といった状況によっても（中略）異なる条件下においてさえ、自然光であれば人間の眼は順応が効くからである。

　自然光の特性的効用について感銘深い文章である。自然光は、指摘されているように時々刻々の変化が特質であり、常に一律である人工照明とこの点が異なるのである。晴天、曇天の光は基より、朝の光と夕陽の光、さらには春の光と秋の光といったように常に異なる点が入館者の高揚、中でもリピート客の高揚の基礎要因となるものと考えられる。

　つまり、人工照明下であれば何時訪れても展示室は見づらく同様であるのに対し、自然光下であれば諄いようであるが、訪れるたびに異なる雰囲気を呈しているのである。同一展示資料であっても、真夏の光で見たものと、晩秋の陽の光とでは大きく異なり、新たな感銘と驚き、発見が繰り返されることとなる。見学者は訪れるたびに、展示室の雰囲気が異なる故に新たな感覚で、展示物を見学できるのである。したがって、いつ行っても同じであるが故に、あの博物館は一度行ったらからもういいといった、見学者が持つ常套的感覚を打破することにより、リピート客の高揚が期待できるのである。中でも、提示型展示には不可避であると考えられる。

**天井光の必要性**　博物館の採光については、古くは明治26年（1893）に神谷邦淑が「博物館」と題する論文[1]のなかで「採光の諸説」とする節を設け記しているのが嚆矢と看取される。

　天井光、即ち上部（方向）からの光の自然性と必要性について、半澤重信は資料保存の観点で自然光を警戒しながら次の如く記している[34]。

　　確かに明るい空間は、人の気分を高揚させる。展示空間は必ずしも身体の不自由な人達のためのみでなく展示物を詳しく見せるためにも明るくありたいものである。人間は、常に上方からの光を希求する。天空光を展示空間に導入することはいかなる見学者にも快さを与えるに違いない。

ただし、資料の保存にとって光線によるその劣化や変質は、最も警戒しなければならない。

　指摘の如く、光は上空から、それも光源は一つである点が自然である。博物館の展示空間の基本的照明はこれに尽きるものと考えられる。したがって、展示室の天井に設けられたトップライトより、劣化を引き起こす悪因子を排除した間接（天空光）光による照明が最も好ましい。それには少なくとも10m以上の天井高も要求されるから、従来の低天井による圧迫感からも開放される。結果として、上方からの自然光[37]により明るく、さらには時間の流れ、季節の移ろいが展示空間に反映され、展示空間は逍遥空間へと変貌するのである。博物館展示室の逍遥空間化こそが集客・リピート客の高揚を目的とする博物館経営の基礎であると考えられる。欧米の博物館の展示室は、総じて天井光による自然的な空間であるところから、散歩としての逍遥空間であると言えよう。犬を連れていないことに違和感を覚えるほどである。

　故に、快適空間の創造こそが博物館利用者に散歩感覚で何度も足を運んでもらえるものと期待できるのである。

　なお、自然光の採り入れは、経済的経営の面からも考えねばならない問題であったのである。つまり、電気の消費量が大幅に軽減される点である。県立クラスの大型博物館では電気料金が月一千万円前後と聞く。このランニングコストの軽減は経済的にみても博物館経営上、当然必要であろうし、延いては地球環境保護の上でも考慮せねばならない問題であるのである。

## 野外部と野外展示の必要性

　地域博物館設立の目的は、第一義に地域住民の"ふるさとの確認"であるところの郷土学習指向への契機となることであり、それは取りも直さず郷土学習実践の場となることである。

　次いでは、地域交流を誘う"地域おこし・村おこし"を目的とする地域文化創出の核であり、さらには外来者に対しては、当該地域の紹介の場であり、交流人口を生み出す場となることである。

　故に、上記の郷土学習を完遂するための教育活動を実施する場として、建物内部に限定された通常の博物館では当然限界があり、さらに充実した活動を展

開する為には地域博物館に野外部は不可欠であると考えられる。

　先ずは、活動の場を野外にも持つことにより、博物館活動に大幅な拡大が齎されることは必定である。野外スペースを持たない博物館は、グランドのない学校に置き換えればその内容においての限界は、明々白々であることからもその重要性は理解できよう。

　竪穴住居や高床倉庫の復元家屋、あるいは古民家・当該域の象徴的な歴史的建造物である旧役場・旧郵便局等々の移設による建築物での展示空間の構成を可能とする場所が博物館に隣接した野外なのである。

　中でも最も必要とされるのは、郷土特有の家屋形態を有する古民家である。第一義的には資料の保存であり、展示資料であるが、さらには活用に供せる家屋でなければならない点が重要である。床の間を有した畳部屋や囲炉裏・竈等の生活に密着した要素で構成される生活空間が建物の中に必要とされるのである。これにより、年中行事や郷土の行事等の実施、またこれに伴う体験学習の場と環境が整備されることにより、より一層の参加体験志向の、所謂第3世代博物館の要素も強化できることが期待出来ると同時に、大きな社会変化の中での郷土保存にも結びつくものと考えられるのである。

　また、民俗行事を博物館活動として行うにあたっては、旧役場庁舎や旧公民館・旧郵便局では不適合であることは確認するまでもない。この意味では、旧役場庁舎や旧公民館・旧郵便局等の活用は自ずと異なり、別項で記すところの「歴史的建造物の利用」として、本館としての活用が好ましい場合もあろう。それぞれの建築物の特質と状況判断の上で、講堂・集会室・特別展示室・喫茶

長野県立歴史館の野外展示

北上市立博物館の野外展示

室等々への活用が適していると看取される。

前述したように学校にはグランドが不可避なように、博物館活動には野外部はなくてはならないのである。

**野外での植物展示の必要性**　前述した野外博物館の最大の特徴は、屋外空間を有することである。

それは取りも直さず、植栽が可能であり展示や教育活動に植物自体を取り入れることや、これに伴い植物と人間との関わりに関する展示が可能となることである。仮に考古系・歴史系・民俗系博物館はもとより文学系博物館の展示であっても、展示室内での植物が関与する資料と野外に植栽した植物とに関係を持たせることにより、さらなる深みを持った展示が期待されるのである。

今日の社会では、植物離れが著しく植物に関する知識が極めて脆弱であると看取される。植物の名称は基より、中でも植物と人間との関わりが全く忘れられて居るのが現状であろう。原因は、学校教育にあることはいうまでもない。日本人の教養・学識の上でのこの不具合を教育することも博物館教育の責務であると考えられる。このことは、現在の植物園には期待できないところから、むしろ人文系博物館が果たす役割であると考えるものである。

したがって、野外博物館や博物館の野外部を有した博物館での植栽展示の植物は、まま認められるソメイヨシノ・ハナミズキであってはならないことは別稿[38]で記した通りである。あくまで博物館の展示室内の展示品と関わりのある植物を選定しなければならないのである。

たとえば、当該博物館の展示室内で展示されている縄文時代遺跡出土の遺物

万葉植物園（紀伊風土記の丘）

アイヌの有益植物園（アイヌ民族博物館）

を通した縄文文化や、弥生文化・古墳文化とお互いに関与する植物を植栽し、その植栽植物も展示品として活用することが望まれるのである。それには遺跡から検出された木製品・自然植物遺物や花粉分析・プラントオパール等の調査結果による学術情報に基づき樹種・草種を選定することが先ず以ての遺跡が持つ情報伝達の一つなのである。縄文時代であれば一般に胡桃・栃・櫟・椎・山栗等があればかなりの展示展開と教育活動は可能となろう。この方法により展示の意図に基づく縄文植物園・弥生植物園・古墳植物園なりを形成し、そこの植物はそれぞれの時代の人々の植物との関わり方である智恵と植物の特性の情報伝達が可能と成るのである。

　民俗を専門領域とする博物館であれば、当然の如く当該地域の民俗植物園を設け、樹木では松・梅・桐・梧桐・渋柿・柏・樫・榊・桑・楮・三椏・南天・楪等などが、竹類では孟宗・真竹・淡竹・矢竹等は一般的であるが地方によっては多くの種類の竹がある。栽培植物では、赤米・黒米・稗・粟・蕎麦・麦・大賀蓮等は必要であろうし、草本にいたっては蓼・茜・麻・綿・烏瓜・車前草等々の人間と関わりの深い樹木・竹・草を必要とする。展示室の民具との関係を持たせることが重要なのである。場合によっては薬草園も必要となろう。

　また博物館の専門領域によっては万葉植物園も必要である。万葉植物園に万葉植物が植栽されることにより、万葉集や万葉期の展示が初めて観るものにとって具現化し、興味と理解は進捗するものと見做せるのである。

平成25年5月28日に
2800人余の入館者を数えたバラ園
（鎌倉文学館）

植物マップ（むきばんだ史跡公園）

一方で、日本人と歴史的に関係を持つ植物の多くは、果実が実り採集対象となってきた植物であるから、採集対象に供することも可能である。このことは換言すれば、参加型展示でもあり、博物館利用者のリピートを誘う大きな要因ともなろう。それぞれの季節になれば、山桃・胡桃・山栗等々が実ったことを広報すれば必ず人は博物館にやってくる。草花に於いても同様であろう。片栗・山百合・姥百合・栃・山栗・桔梗等々の花が咲いたと広報すれば、"鑑賞による満足"とまたある者は"驚きと発見"によるリピート客となろう。その場合は決して独りではないことが生涯学習の特質であろう。

　考古・歴史・民俗・文学等の人文系博物館の展示においても、植物と日本人の関わりなくして十分な展示を構成することは、不可能であると言っても過言ではないと考える。

## 左回り動線

　博物館展示室の動線について現在知ることのできる最古の論文は、神谷邦淑による「博物館」[1]のなかの下記の記述であろう。

> （前略）尤も避くへきことは室の複雑に錯綜せるものにして看客の進路を迷はしし爲めに狼狽混雑を生すへけれはなり可成一直路に通覧するを得るの配置は萬一非常の災禍等の起るに際し能く其過誤なからしめ且平生と雖とも監視上甚便宜なるべし況んや簡單なる形狀に構成するは經濟上の利益亦大なるに於てにや。

博物館展示室における動線について具体的に記したのは、安田講堂の設計にも携わった東京帝國大學教授であった岸田日出刀であり、「美術博物館」[33]のなかで下記の如く記している。

> 陳列室は物品を列べて人に觀せるところでありますから、よく見えるといふこと、見易いといふことが第一であり、更に全部の陳列室を隈なく見て廻る際に順序よく便利であるといふことが大切になります。即ち陳列室相互間の動線―人の動く線―を圓滑に順序よく便利にするための陳列室の配置とその平面計画―間取り―がよく解決されるやうにします。

　岸田は、展示空間における動線の計画の目的と要件を明確に記したのであった。また、「動線」なる用語も使用していることが特徴的であると言えよう。

第3章　集客力のある博物館の基本要素

　博物館における動線は、大きくは見学者動線と管理者動線に2大別される。本項で言う左回り動線とは、見学者の展示室における規制動線での回り方の方向を指すものである。

　具体的に左回り動線とは、展示室の入り口を入り右手方向に歩き、右手に壁を見ながら反時計回りに回る動線である。この左回りに関しては、一定の空間の中での人の体は左回りを自然とする"左回りの原則"が存在している。事実、陸上のトラック競技やスケートリンクも左回りを原則として採用されている。理由は、やや不明瞭であるが一般に言われているのは、人は心臓の位置が左であるから左足に重心を常に置くこととなるところから、方向性を取る右足の動きからすると左回りが容易であるとする考え方であり、行動心理として理解されている。

　たとえば、大手スーパーマーケットの商品展示においても、外周は左回り動線で中央部は自由動線となっている。また、コンビニエンスストアーの商品展示は、規格化された左回り動線であると言っても過言ではないのである。

　以上の観点からも博物館展示室の動線も左回りであることが、見学者にとって見学しやすい基本要件の一つなのである。

　確かに右回り動線の展示室であっても、これに気づかぬ見学者は自ずと左回りし、展示室内で見学者同士が対面することも決して珍しくはない。このように見学者動線が所謂対面通行となる状態は、"一筆書"を基本とする見学者動線の原則からも抜本的に逸脱するもので、熟覧の妨げとなる原因であるところ

巻子本を終わりから見ることになる
右回りの見学者

右回りを案内する表示

からあってはならないことである。

　さらにまた、絵巻や写経等の巻子本（装）は右から始まり左に向かって描かれたり書かれているから、右回り動線の場合は巻子本の後ろから逆に見ることになり、誤解等も発生する。この場合、逆であることに気づいた見学者は、巻子本の巻頭まで行って反転し、左回りで熟覧することとなる。こうした場合当然動線の方向は、今までの見学順路に対して反対となり、仮に後続する見学者があれば対面することは免れない。この状態は、完全に見学者動線の基本である"一筆書"を大きく崩した迷走する動線となり不都合であることは確認するまでもなかろう。

**規制動線の必要性**　展示室での動線は、自由動線と規制動線に大別され、これらの中間を成すものとして半自由動線・半規制動線があることは周知の通りである。一般に自由動線は、個々の作品の鑑賞を目的とする美術館での提示型展示に採用されている。これに対し、学術情報の伝達を目的とする説示型展示では規制動線を必要とする。説示型展示は、展示の意図である展示のストーリーに基づき構成され、配列されて初めて展示ストーリーが伝達できるのである。つまり、絵本であれ活字本であれ、本は必ずノンブル（頁番号）が打たれ順番に並べ製本されているように、博物館展示も同様に見る順番が必要なのである。この順番こそが展示意図の具現化の基本なのである。これを実行するには自由動線では不適格であり、規制動線でなければならないのである。

　たとえば、仮に10枚から構成された紙芝居があった場合、個々の紙芝居が自由動線のもとにバラバラに展示されていた場合、見るものにとって個々の絵に関する美術的特性は理解し得ても、ストーリーは理解できないのが常であろう。一方、紙芝居のストーリーに沿って順序良く展示されおり、その順番に見学者も規制動線に基づき移動し見学した場合、紙芝居のストーリーの理解は自由動線のそれとは比較にならないであろうことは容易に想像できよう。

　さらなる規制動線の特徴は、期待感を発生させることである。規制動線を具体的に構成するには、展示ケースやパーテーション等による仕切りが設定される為に展示室全体の見通しが利かないと言った物理的制約がうまれる。当該特質は、次のコーナーの先には何があるのだろかといった期待感が常に伴うのである。当然、自由動線では展示室の入り口から部屋全体が見渡され、解放感

第3章　集客力のある博物館の基本要素

と引き換えに次に何があるのかといった「ドキドキ」感は全くなくなるのである。このことは広義の展示である"お化け屋敷"には、自由動線展示は存在しないところからも推し量れよう。

　展示資料を見せるのではなく、展示資料を通して情報を伝える博物館展示では、規制動線の下での展示ストーリーの伝達が最良の方法であると考えられる。ただ、規制動線は自らが閉塞感を伴うことと説示型展示に効率的に作用するところから、博物館疲労が発生しやすくなることが最大の難点であると言えよう。これを回避する為には、半規制（半自由）動線部を展示室の規模にもよるが要所に混在することで解決し得よう。当然、半規制（半自由）動線部の展示の形態は、蓄積疲労の軽減と疲労発生の抑制となる参加型展示や鑑賞展示等が好ましい展示形態となる。

**動線両側の展示の禁止**　幅約2mほどの動線の両側に展示が成されて居り、両側の展示とも進行方向に従った同一順序で同種の展示事例を時々目にすることがある。

　このような展示物の配置の場合、右側を見て左側を見るのか、あるいは右側をある程度見てから左側を見るべきなのかを迷うことがある。ある程度右側のみを見てから左側の展示を見る場合、そのまま折り返したのでは進行方向左列は右回り動線となり、展示の順序の上では逆となる。したがって、この場合再度入口部まで戻り左列を右回り動線で見るなど、幾つもの選択肢もあって動線が錯綜するため見づらいのである。

　いずれの見学順序を選択しても注視しづらく、その結果疲労をもたらし情報は伝達され難いものと看取されるのである。提示型展示は兎も角としても、説示型展示の場合は確固たる展示のストーリーに基づく"見る順序"が重要であるから不具合といわざるを得ないのである。

　つまり、見学者動線の両側においては、展示のストーリーを有する説示型展示は勿論、展示は行う

動線両側の展示

べきではないと考えるものである。ただ、当該部分に関連する大型写真やイメージ的なパネルを展示の埋め草として使用することは好ましいと思われる。

## ボランティアについて

　ボランティア（Volunteer）の語源は、義勇兵・志願兵であるとされている。

　わが国の博物館におけるボランティア活動は、昭和11年（1936）に日本民芸館で開始されたのが最初とされ、その後昭和36年に記念艦三笠、昭和48年に北九州市美術館・静岡県立美術館が初期の事例である。

　平成2年（1990）にボランティア活動推進国際協議会総会で「世界ボランティア宣言」がなされ、平成4年の生涯学習審議会答申「今後の社会の動向に対応した生涯学習の振興方策について」で、ボランティアについて言及があり、平成13年に学校教育法（18条の2、40条、50条）及び社会教育法（5条12号）が改正され、社会奉仕体験活動としてのボランティア活動が要求されるようになった。平成14年には、中央教育審議会答申「青少年の奉仕活動・体験活動の推進方策等について」が出され、これに伴いわが国に於いてもボランティア活動に対する社会的機運が醸成され、世をあげてのボランティア時代に突入していったものと看取される。また、同年文化庁長官であった河合隼雄が「文化ボランティア」を提唱した。

　以上のようなボランティアに関する社会的背景を受けて、博物館でのボランティアも盛んになったのが現状である。

　市民がボランティアとして博物館活動に積極的に参加することはボランティア参加者自身にとっては、自己開発・自己実現であり、さらにまた活動をするための知識・技術の習得となるところから生涯学習以外の何ものでもないのである。また博物館側にとっては、「参加型博物館」の項でも記した通り最も必要とする要件である。

　平成20年に日本博物館協会は、博物館のボランティアの定義を「展示資料の解説、会場整理への協力、展示資料の収集・制作における学芸員への協力などの無償の奉仕活動をいう。」とした。上述したように、ボランティア活動を生涯学習とした場合、日本博物館協会のいう「学芸員への協力」の明記は異なる意味を持つこととなる。つまり、「展示資料の収集・制作」といった専門分

野での学芸員への協力は、協力ということもさることながら学芸員の不足をボランティアで補うことを目的にするのであれば、専門職である学芸員の配置に悪影響を齎す大きな要因とも捉えられよう。

博物館での具体的なボランティアの活動場所は、鈴木章生[39]によれば下記の通りである。

　○解説系　　ギャラリートーク、展示解説
　○資料系　　資料整理補助
　○教育系　　体験講座補助
　○案内系　　監視、車椅子介助、誘導、設備紹介
　○環境系　　掃除、花壇作り、ポスター貼り
　○事務系　　封入、モギリ、販売

ボランティア制度の性格から活動は、見学者の案内や展示解説が主となる。

ここで難しいのは、ボランティア個人が有する感性と配置される人数である。ボランティアの感性とは、基本的に見学者がボランティア解説者の必要の有無や解説内容の適合の有無の判断が可能であるかどうかである。

つまり、それぞれの見学者によって博物館見学の流儀や嗜好が確立されていることを忘れてはならないのである。ゆっくりと自分の世界の中で心ゆくまで熟覧する。これが本来の博物館での見学であろう。

したがって、この見学方法が可能な展示をしなければならないのである。見ることにより理解できる展示が完成すれば、ボランティアによる解説の必要性は減ずるはずである。展示の不備をボランティア解説員で補うべきではないと考える。

確かに、広義の展示である見世物には解説者が付いていた。しかし、博物館展示は見世物とは異なる展示であることからも、子どもを対象とする場合は兎も角として、本来は人による情報伝達は排除すべきであると考える。ボランティアによる解説等は、見学者からの要請があってはじめて成功するものと看取されよう。

配置される人数も多いと、それだけで見学者は疲労を感じたり、辟易することも忘れてはならない。博物館とは異質であるが、小売業の西松屋の売り場に店員を配置しない方針も、この点を考える一助となる。

ベビー用品の全国チェーンを展開する西松屋の経営方針である「ガラガラ店」は、店内はセルフサービスを基本としているという。セルフサービスを最高のサービスと考え、対応する店員が居ないことがお客さんは落ち着いて買い物ができて満足するからであるという。事実、顧客満足度調査では、2年連続1位であると報じられている。（2012年12月8日『朝日 be』）

註
1)　神谷邦淑　1893「博物館」『建築雑誌』第七巻第八十一、八十四號、第八巻八十五號
2)　野田俊彦　1915「建築非藝術論」『建築雑誌』第346号
3)　倉田公裕　1988『博物館の風景』六興出版
4)　黒板勝美　1917「史蹟遺物保存の實行機関と保存思想の養成」2月、大阪毎日新聞
5)　黒板勝美　1918「國立博物館について」『新公論』第33巻第5號
6)　阪田正一　2010「博物館に併置される資料としての建造物」『立正博物館課程年報』第12号
7)　布谷知夫　2013「博物館の社会的役割を意識的に考えよう」『博物館研究』Vol.48No.1（No.535）、日本博物館協会
8)　塚原正彦　1999『ミュージアム集客・経営戦略』日本地域社会研究所
9)　安藤優一郎　2005『観光都市江戸の誕生』新潮社
10)　朝比奈貞一　1932「博物館に於ける実物事象教育効果の測定の一方法」『日本諸学振興委員会研究報告』15
11)　榊原聖文　1984「展示（品）評価の視点について」『博物館学雑誌』9―1・2合併号、全日本博物館学会
12)　大塚和義　1996「展示の理念と評価の方法」『日本民俗学』208、日本民俗学会
13)　佐々木亨　1999「公立博物館における行政評価―評価手法構築に向けて」『日本ミュージアム・マネージメント学会研究紀要』第3号
14)　美術史学会　2003年5月（第1版）　2004年5月17日（HP用第1版）「科学研究費補助金の代表申請資格を得るために―美術館・博物館のための研究機関指定申請マニュアル―」
15)　Laurence Vail Coleman　1893『アメリカの博物館』
16)　長竹敦威　1963「この道も茨なる道　博物館長の役割」『博物館研究』39巻9、Vol. 36
17)　清水久夫　2005『博物館Ｑ＆Ａ　博物館・美術館のウラ・オモテ』慶友社
18)　上山信一・稲葉郁子　2003『ミュージアムが都市を再生する』日本経済新聞社

19）　倉田公裕　1979『博物館学』東京堂出版
20）　田原　榮　1893「博物舘の陳列法」『讀賣新聞』7月25・26日連載
21）　青木　豊　2008「道の駅と博物館―道の駅附属博物館に関する一考察―」『全博協研究紀要』第10号
22）　佐野常民　1875「博物館設置に関する意見書」『わが国の近代博物館施設発達資料の集成とその研究』明治編1、日本博物館協会
23）　鶴田総一郎　1956「博物館学総論」『博物館学入門』理想社
24）　久松正樹　2006「スクールミュージアム」『環境とカウンセラー』茨城県カウンセラー協会
25）　棚橋源太郎　1953『博物館教育』創元社
26）　棚橋源太郎　1930『眼に訴へる教育機関』寶文館
27）　鷹野光行・青木　豊・浜田弘明ほか　2008「学校博物館の現状と今後の可能性（予察）」『全博協　研究紀要』第10号
28）　内田四郎　1904「繪畫陳列館」『建築雑誌』第206號
29）　青木　豊　2010「博物館学史序論」『國學院大學博物館学紀要』第34輯
30）　黒川紀章・梅棹忠夫　1978「回遊式博物館の原理」『民博誕生』中央新書
31）　野村東太ほか　1984「博物館における資料等の収蔵・保管状況―博物館に関する建築計画研究―その9―」日本建築学会大会
32）　ミュージアム・パーク茨城県自然博物館　2006『年報第12号　平成17年度』
33）　岸田日出刀　1938「美術博物館」『堊』相模書房
34）　半澤重信　1991『博物館建築―博物館・美術館・資料館の空間計画』鹿島出版会
35）　木場一夫　1949『新しい博物館―その機能と教育活動―』日本教育出版社
36）　登石健三・見城敏子　1990「文化財の保存施設・設備」『文化財・保存科学の原理』丹青社
37）　フィルター等々により悪因子を除去した自然光を基本とするが、当然光量不足に際しては、人工照明を補助光とする。
38）　青木　豊　2006「地域博物館・野外博物館としての史跡整備」『史跡整備と博物館』雄山閣
39）　目白大学教授鈴木章生による国学院大学での特別授業「博物館とボランティア」のレジュメによる。

# 第4章

# 集客力を高める博物館展示の具体

## 1 展示の基本形態

### 提示と説示 ― 提示は博物館展示ではない ―

　人文系資料は、製作（制作）目的により二大別される。先ずは、いわゆる美術・工芸資料といった鑑賞の対象物として当初より制作されたものと、日常雑器の如く鑑賞とは異なる用途を目的として製作された資料とに大別される。

　勿論、両者の要素を兼備した資料が存在することも事実であるし、自然系資料においても鑑賞の対象となるものが数多く存在することもまた事実である。

　　　併しながら展覽會といふものは見せるのが主であって、講義的説明は主でないと斯ふいう人があるかも知らぬ。此言を成す人は情的展覽會と智的展覽會との區別を知らないのである。前者は美術品の展覽會で後者は學術の展覽會である。

　上記の如く、美術資料と非美術資料（学術資料）の博物館展示をそれぞれ「情的展覽會」「智的展覽會」とに区分し展示名称までも命名したのは、明治37年（1904）の前田不二三による「學の展覽会か物の展覽会か」[1)]であったことは第2章でも記したとおりである。

　その後次表の如く、昭和24年（1949）には木場一夫はそれぞれを「審美的」「教授的」なる名称で区分し、昭和30年に鶴田総一郎は「鑑賞展示」「教育展示」と名称変更した。当該名称は博物館界では一般化し、今日にまでも使用されている展示の基本名称となっている。かかる状況の中にあって、昭和56年に新井重三は鶴田が命名した「教育展示」を、別途の意味を持たせる必要性から両者を「提示」「説示」と呼び変え今日に至っているのである。

第4章　集客力を高める博物館展示の具体

| 分類者　著書・論文名 | 発表年 | 分類基準 | 展示の形態 |
|---|---|---|---|
| 前田不二三<br>「學の展覽會か物の展覽會か」[1] | 1904 | 意図（？）あるいは資料の性格による分類 | 情的展覧 |
|  |  |  | 知的展覧 |
| 木場一夫<br>『新しい博物館』[2] | 1949 | 資料の性質とその展示の目的による分類 | 審美的 |
|  |  |  | 教授的 |
| 鶴田総一郎<br>『博物館学入門』[3] | 1956 | 展示の目的による分類 | 鑑賞展示 |
|  |  |  | 教育展示 |
| 林　公義<br>「展示」[4] | 1978 | 展示の目的による分類 | 鑑賞展示 |
|  |  |  | 教育展示 |
| 富士川金二<br>『改訂・増補 博物館学』[5] | 1980 | 展示目的による種別 | 鑑賞展示 |
|  |  |  | 教育的展示 |
|  |  |  | 綜合展示・その他 |
| 新井重三<br>「展示の形態と分類」[6] | 1981 | 展示意図による分類 | 提示型展示（Presentation） |
|  |  |  | 説示型展示（Interpretation） |
|  |  |  | 教育展示 |
| 佐々木朝登<br>「展示」[7] | 1990 | 展示意図による分類 | 提示型展示（鑑賞展示） |
|  |  |  | 説示型展示（学術還元展示） |
|  |  |  | 教育型展示（体験学習展示、子供向展示等含む） |

提示型・説示型展示呼称名変遷表

　つまり美術・工芸資料は、制作当初の目的が第三者に見せることを目的としたものであり、博物館が何らの関与をしなくとも資料自体が見せる力を有しているから、ただ置かれているだけであっても見学者は何となく見ることができるのである。これは博物館側の展示意図ではなく、制作者の展示意図であると理解される。したがって、美術・工芸以外の所謂学術資料の提示型展示は、資料自体が基より見せる力を内在しない資料であるが故に不適当なのである。このような理由に基づく提示型の博物館展示では、見学者を魅了し得ない最大の原因であろうと看取されるのである。

　前述しているように美術・工芸資料以外の考古・歴史・民俗・動物・植物・岩石等々の資料においての提示型展示では、博物館での知的欲求の充足による"驚きと発見"を齎すに足る、資料が内蔵する学術情報を適格に伝えることが出来ないのである。極端に言えば、提示型展示は置いているだけの一点優品主義であって思想性や学術情報の介在が皆無である為に、見学者には何も伝わらないのが一般的である。提示は、"さらし"であるとも酷評される通りである。

　わが国の美術館は当然の如くとして、説示型展示が必要とされる博物館展示

においても一般的に認められる提示型展示こそが、博物館の魅力をそこなっている基本的な問題の一つであると言えよう。つまり、博物館の基本機能である情報の伝達、即ち教育機能を果たしていないのである。

たとえば、多くの地域博物館で展示されている縄文土器もガラスケースの中で提示されているのが常である。変わった形や変わった文様のみを見よということなのだろうが、これでは考古学の長年の研究の成果である学術情報の伝達が全く社会に換言されていない。これが現状なのである。縄文土器の研究により抽出された学術情報は多岐に及ぶが、先ず基本である土器出現の歴史的意義である粘土に火熱を加えることにより化学変化を起こさせ、水に溶けることのない焼物の発見に伴い煮沸が可能となったことである。

つまり、土器の発明により物の煮炊きが可能となったことで、食物の対象が爆発的に増加したことによる食料増が、定住と人口増の原因となったことを展

**提示型展示の例**

**花火の説示型展示**
花火のカットモデルによる説示。(長野県立歴史館)

示で伝えねばならないのである。筆者の知る限り、当該情報を伝えている展示を実施しているのは北海道門別図書館・博物館であり、全国で僅か一館である。

なお、美術・工芸資料であるから提示型展示で良いと言うことはけっしてない。博物館展示の基本理念である、「資料が持つ学術情報の伝達」に照らし合わせても肯定される展示方法ではないのである。この点に関しても棚橋源太郎は、下記の如く記している[8]。

> 芸術作品は、品物それ自体を観衆の眼に訴へんとするにあるから、美術陳列の多くは自然第一目的の下に行はれ、雅致に富むやう上品に配列して、照明の調和と、色彩の配合に意を用ひ、また目障りになるやうな説明札はこれを避けるやうにするのである。（中略）
>
> 然し欺うは云ふけれども、芸術品と雖も先ず以て観衆によく理解されなければならず、歴史や科学の資料にしても、亦品物それ自体において既に観衆に訴える力を幾分有つてゐるから、何云う品物の陳列にもこの鑑賞と知識伝達の両目的を顧慮しつつ物品の性質に応じて、何れか一方に重きを置くに過ぎない。

棚橋は、当然のこととして美術・工芸品に対しても、博物館展示として情報伝達が必要であることを指摘したのであった。近年では、布谷知夫がその著書『博物館の理念と運営』[9]のなかで下記の如く記している。

> 博物館に来るより多くの人が楽しいと感じるのは、展示されているモノと自分との間で、対話が生じるときである。博物館を訪れた人が展示をみて、楽しいと思う条件の一つは、自分が日常に考えていることと近い話題が展開されていて、その中に意外な発見があったり、自分がわからなかったことに対する答えが見つかったり、あるいは自分の意見とは正反対の議論が展開されていて、そういう考え方もあるのか、と驚いたりというように、来館者自信と展示との間で対話が成立することである。

布谷の言うように、博物館展示が双方向性の展示に昇華することが博物館展示の最終目標である。先ず、この双方向性の展示を完成させるには説示型展示でなければ不可能なのである。この意味で学術資料の展示は、学術情報の伝達を目的とする説示型展示でなければならないのである。

## 二元展示（Dual arrangement）の必要性と
## 二重展示（Double arrangement）

　先ず、二元展示は厳密には「資料の二元的配置」であり、当該展示の名称は昭和25年（1950）に棚橋源太郎がその著書『博物館学綱要』の中で初めて使用し、次いで昭和28年（1953）に上梓された棚橋による『博物館教育』において本展示論は詳述されている展示法である。

　ただ、「二元展示」という呼称名の使用こそないが、同様な展示意図で博物館展示を区分すると観られる論文は棚橋以前にも認められる。先ずは、明治26年（1893）に鳥居龍蔵が記した下記論文[10]である。

　　　故に博物館たる者其陳列半ハ以て學術學者の参考に供し半は以て廣く衆
　　　人の一班知識を與ふることを計画せざる可からす、あ、博物館の陳列法豈
　　　にまた難からすや

　続いて、明治32年に箕作佳吉は「博物館ニ就キテ」[11]で下記の如く記している。

　　　今日ニテハ博物舘管理者ノ輿論ハ全ク一變シ第一ニ専門家ト公衆ト觀ル
　　　可キ物品ヲ同一ニスルハ有害無益ナリ博物館中公衆ノ入場ヲ許ス部分ハ單
　　　ニ公衆ノ教育娯樂ニ供スベシ陳列品ノ如キハ强チ多キヲ要セザレモ一品毎
　　　ニ精選シテ其陳列方法ニ意匠ヲ盡シ公衆ノ注意ヲ惹クト同時ニ其教ユル所
　　　ヲシテ瞭然タラシメザル可ラズ

　さらに、博物館学を学に位置づけた上で多岐に亘る観点で理論を展開した下元連は、昭和8年（1933）に「博物館　商品陳列館」[12]で次の通り記している。

　　　蒐集物を一般公衆の為のと、研究者の為のとの2種に分けること、研究
　　　者用の品物は出来るだけ理解し易からしめ、且容易に比較研究の出来るよ
　　　うにして置くこと、公衆の為の陳列は或る特定の数を並べること、品物は
　　　其の生来の環境に置くこと、各々の品物が公衆の注意を惹くようにするこ
　　　と、公衆の感興を永續せしむること、単調な陳列の為に公衆が疲勞するこ
　　　とのない様にすることなどが必要である。

　箕作と下元は、直接に二元展示を言っているのではないが、二元展示の基礎理論とも言える専門家と一般見学者とは展示を変えねばならないと明言したの

である。この理論と同じ視点に立ち、具体的に展示室の場所を2分する考え方を示したのが棚橋源太郎であり、『博物館学綱要』での論旨は次の通りである[8)13)]。

　　　資料の二元的排置　博物館が目指す事業に、教育と研究の二大分野の存在する以上、これが目的のため全収蒐資料を、学者専門家の研究に資する研究資料と、児童生徒や一般大衆の観覧に供するための陳列資料との、二つに分離しなければならないのは当然である。而して研究資料はこれを貯蔵室に収容し、陳列資料はこれを陳列館に展示すべきである。この資料の二元排置（Dual　arrangement）は、独り大規模の博物館ばかりでなく、小規模の博物館と雖も必ず実施しなければならない。

　すなわち、棚橋のいう「二元的配（排）置」は、従来の展示室における展示のみではなく、それに収蔵庫を開放し展示に供する、2つの場所での展示の必要性を提唱したものであった。

　さらに、ここで重要なことは展示場所を異にする目的の基盤は展示レベルの差異、すなわち利用者の知識レベルの違いを基盤に置いた点にあると言えよう。つまり、棚橋が明記するように、学者や専門家の研究に資する為の資料と、生徒や一般観衆の観覧に供するための資料との分離による展示を実施することにより、博物館展示が内蔵している基本的問題の解決を試みた考え方であったと評価できよう。

　またさらに、収蔵庫を見学者に供することは、見学者が有する潜在意識と合致し満足感を齎すものと十分予想されるのである。前にも述べたが具体的には、見学者が博物館に対し抱いている基本的なイメージは、幕末期に英語のミュージアムの対訳として使用された百物館・百貨貯蔵ノ館等の訳語からも窺い知れる如く、珍奇なものや古いものが所せましと収蔵されている状況であると看取されるのである。つまり、実物資料が数多くあることが博物館の決定的な基本要素なのである。

　しかし、資料保存の責務をも有する博物館にあっては、資料保存の観点よりすべての収蔵庫に見学者を招き入れることが出来ないし、してはならないことも事実である。したがって、要求事項は展示室での収蔵展示である。この場合の収蔵展示は、郷土資料館にありがちな全室が収蔵展示というものではなく、概説展示があっての収蔵展示を必要とするのである。

二元展示（Dual arrangement）の必要性と二重展示（Double arrangement）

　以上の観点に関して新井重三は、昭和33年（1958）に二重展示法（Double arrangement）を提唱し[6)14)]、昭和38年（1963）には愛知県鳳来寺山自然科学館でその理論を実践したことは周知の通りである。

　棚橋の二元展示と新井の二重展示法が異なる点は、前者は展示室と標本保管室である貯蔵室の2場所であるのに対し、後者はあくまで両展示は二つとも展示室での展示であり、それらは総合展示と分類展示によって構成されるとした理論であった。2種の展示の組み合わせの目的は、棚橋と同様に博物館利用者の知識の差による対応を目的としたものであった。

　筆者は、博物館展示の基本形式として二重展示に賛成する者である[15)]。新井とやや考えが異なるところは、新井は二重展示の一翼を形成する展示に説示型の分類展示が必要であるとするが、筆者は棚橋が意図したように展示の意図なき収蔵状態を見せることが"驚きと発見"に繋がるものと考えている。

2階の概説展示（上）・1階の"オープン収蔵庫"と呼称している収蔵展示（下）による二元展示
（福井県立歴史博物館）

　したがって、分類による

二重展示の収蔵展示
（星の降る里百年記念館）

二重展示の収蔵展示（北海道開拓記念館）

収蔵展示がこの場合必要であり、一方は説示型の概説展示を基本とし、その展示の内容は総合展示であることが望まれる。

**概説展示と子ども用展示・子ども博物館**　ここで言う概説展示とは、初歩的学術レベルの内容の展示を意図している。つまり、子ども用展示の内容レベルをもって入門的概説展示に充てようとする考え方である。

　先ず、子ども用展示と一口に言ってもそのレベルはいくつかに分かれることも事実である。ここでは、未就学者や小学校低学年レベルではなく、小学校中～高学年程度のレベルが好ましいと思われる。文字はひらがなのみではなく漢字を使用することも漢字教育の上からも必要であり、当然専門用語にはふりがな（ルビ）を必要とすることは、小学生にも専門外の大人にとっても同等に必要なのである。

　たとえば、動物・植物・魚族等の標記は、今日カタカナ表記を通常とするが、漢字表記であればその字義より自ずとその資料の特質が理解できるものも少なくはないからである。そうでない場合であっても、予想外の表記はまた一つの"驚きと発見"を見学者に齎す結果となる。

　つまり、展示品に関しての専門的知識は、小学生と当該資料に関しては専門外の大人の場合であれば、大きな差異はないものと看取されるのである。

　また、別項で述べるところのマンガやイラスト等の情報伝達媒体を用いることで、注意を喚起すると同時に、容易に展示の意図・内容を伝えることが可能となる。

　このように考えると、初歩的学術レベルの概説展示と分類収蔵展示による二元展示は、子ども博物館と分類収蔵展示でも可能であることが理解できよう。この点に関して福田ふみは、「本館の博物館展示の足懸けにもなる入門的概説展示であり、まさに二元展示の特質を帯びている」[16]と論じている。一般には二元展示と称していないが、韓国ソウルに所在する韓国国立中央博物館は明らかな二元展示である。具体的には、子ども博物館と本館から構成され、子どもを対象とする説示型展示と分類による提示型展示からなる二つの展示を有しているのである。

　その子ども博物館を見た場合、韓国の考古学・歴史・民俗に知識がなく、ハングルの読めない筆者にとっては入門としての概説展示として十分であった。

知識のない大人にも通用する子ども博物館の展示（韓国国立中央博物館）

たまたま、韓国国立中央博物館を例に取り上げたが、学校教育のなかに博物館見学を義務付けている韓国ではほとんどの博物館は子ども博物館を併存させているのが現状である。

以上の点から、二元展示における概説展示部門は、子ども用展示をかね備えた展示構成が可能であると言えよう。

## 基本的展示法

木場一夫は、博物館展示の具体的方法について次のごとく明言している[17]。

> 博物館では、目的物の研究を三次元の物体に結合して取り扱っているが、単に物を見るだけの狭い経験領域にとどまらず、なおこれらの物体を幻燈・写真・映画・図表などの資料と組み合わせて、物および現象に関する理解を深めるように処理しており、機械・模型などは動かしてみることができ、または実物や標本を手に触れてみることによって現実性を得ることに努めている。

木場は、二次資料との併用展示、動態展示、体験展示の3つの要素を展示の基本としているのであった。正鵠を射た展示工学論であると評価するものである。時に、昭和27年のことである。

これに対して筆者の考える博物館展示の基本的展示技法は、時間軸展示／変遷展示・比較展示・組み合わせ展示の3技法であり、これに木場の言う資料に触れるところの能動態展示と動感展示は次なる必要な展示法として捉えるものである。

## 第4章 集客力を高める博物館展示の具体

　ここで筆者がいう博物館での基本的展示とは、展示者側からすれば展示が行いやすく、展示を見るものからすれば展示の意図が理解しやすい展示を指している。これら3種の展示手法で、それぞれの適合する展示項目の展示を行った場合の展示の具体は、資料の配列の意図が見る者にとって明解であり、自ずと説示型展示の基本をなすものと考えている。

**①時間軸展示／変遷展示**　時間軸展示なる用語は、昭和56年（1981）新井重三が提唱した博物館展示形態の呼称名である。本展示形態とほぼ同義語として使用されてきたものとして鶴田総一郎[3]による「歴史的・発達史的展示」や林公義[4]が使用した「時間・発達史的展示」があり、さらに一般に使用されている「時代順展示」・「変遷（史）展示」などの呼称名があげられる。いずれの呼称名も新井が記す如く人間の歴史のみに限定した展示形態を指すものである。したがって、当然そこには歴史系を意図した上記の展示形態名称に対し、自然系とも言える「過程」「行程」展示なる用語が使用されて来たのである。

　これに対し新井は、歴史系・自然系の両学域を融合した形で、展示用語として「時間軸展示」を提唱し、次の如く定義している[6]。

　　時間軸にすべての事物・事象を位置づけて展示する方法を総称して時間軸展示とよぶことを提唱する。時間の流れを除いては成立しない内容、時間の流れを重視した展示構成であるが歴史展示と同義語としては扱えない。その理由は、①歴史記述以外の事象も含まれる。たとえば商品の生産工程、生物の発生学的内容、雲の形の時間的変化等、②時間単位の秒刻みのものから100万年単位で計算される地質現象までも含まれる事である。

稲の生育課程展示（千葉県立中央博物館）

刀剣の製作工程展示
（八尾市立歴史民俗資料館）

以上の如く、如何なる学問域での事物・事象の推移を展示する展示形態が時間軸展示であるとしている。本呼称名は正鵠を射た名称であると評価できよう。したがって、時間軸展示の中には、従来称されてきた発達史展示や変遷史展示・行程展示・過程展示・系統的展示が枝葉になっているのである。
　当該展示の具体は、年代順や変遷順にしたがった配列となるのであるから見学者にとっては、理解が容易な展示であることを特徴とする。故に基本的展示法の一つに位置づけたのである。

②**比較展示**　"比較・分類"は、凡そいずれの学問においても基本的研究方法であるといっても過言ではない。殊に"モノ"を媒体とする博物館においての資料の比較は、通常的研究方法であると同様にそのまま博物館展示にも共通する基本要因である。多様性を有する資料を比較することにより、共通性や資料の特性を見出すには極めて合理的研究法であり、且つ展示の方法なのである。
　つまり、博物館展示の場合は見る者にとっての比較展示は、最も視覚により理解しやすい展示方法の一つなのである。この意味での資料の比較行為は、博物館展示に留まらず広く展示の基本形態であると言えよう。
　比較展示による展示資料間の違いの確認は、見る者にとっては印象的であり"驚きと発見"に直結する要件と看取される。この意味で博物館展示の意図伝達の上で、時間軸展示（変遷展示）と並ぶ基本展示形態であると考えなければならないのである。
　ただ、比較資料の小異については、実物資料の提示だけでは視認できないことも十分予想されるから、パネル等による注意の喚起が必要である。

仁徳陵・始皇帝陵・ギザのピラミットの規模の比較展示（堺市博物館）

ヒラメとカレイの比較展示（千葉県立中央博物館）

比較展示を行うには、比較展示を実施するに可能な資料群が必要である。つまり、明確な収集の理念下において時間軸による変遷や比較の意図に基づいて収集されたコレクションが必要なのである。濃密なコレクションなくして比較展示の構成は不可能であり、同様に時間軸展示も不可能なのである。

③**組み合わせ展示**　ここで述べる「組み合わせ展示」とは、棚橋が使用した資料を複数組み合わせることにより資料が本来存在した状況や環境の明示を意図した「組み合わせ展示」[18]とは異なり、筆者が別稿[19]で記した実物資料と模型・パネルの組み合わせによる展示形態を指す。なお、棚橋が呼称した組み合わせ展示は、構造展示に分類しているものである。

　組み合わせ展示を構造展示と区画する基本的原因は、棚橋の記した組み合わせ展示はジオラマや時代室はもとより、今日で言う情景（復元）展示をも包含する分類になるところから、これらの展示を構造展示・ジオラマ・時代室・情景（復元）展示と分類し、明解に呼称するものである。

　使用方法や環境・状況・情景の明示には、記録写真やイラストは基より模型

**捏鉢の提示と説示**（兵庫県立考古博物館）

**組み合わせ展示**（石川県立博物館）

が大きな展示効果をあげることは確認するまでもない。展示の基本は、実物資料と模型を組み合わせることが基本であることは、シーボルトのコレクション[20]やモースコレクション[21]からも肯定できるのである。説示型展示の基本は模型であることは事実である。模型に更なる臨場感と材質感と遠近感を持たせたものがジオラマであるが、縮小模型でも十分な展示効果は求められよう。

したがって、情報伝達の上で如何に効率の良い模型を製作するか否かで、展示の良し悪しは決定されると言っても過言ではないのである。

また一方で、実物資料の組み合わせにより空間再現する展示技法として、時代室がある。時代室展示とは、1927年にコールマン（Laurence Vail Coleman）がGroup Exhibitionsの中の一形態としてPeriod Roomを展示法として明示した。この「Period Room」を棚橋源太郎が「時代陳列室」と邦訳したことに始まることは周知の通りであろう。この棚橋の言う時代室に対し、下元連はやや異なったニュアンスで「特殊陳列法」と題して下記の如く記しているのである[12]。

> 特殊陳列法　工藝美術博物館等で好んで用いられる特殊陳列法は、或陳列室全體を觀覽の目的とすることである。即ち家具とか織物とか云ふ品物の種別によって分類し、同種のものを集めて陳列する方法ではなく、例えば適当な大きさのチュードルゴシック風の一室を造り、窓の障子、入り口の扉、天井の装飾など同時代のものを持って来て其の場所に嵌め込み、家具、調度、敷物、會畫、壁掛等總て其の時代のものを、特に陳列すると云う形式ではなく、極めて自然な位置に配置し、恰も其の時代の或る一室其のままを見る様な感じを出すほう方法であったジオラマ式陳列と共に組み合わせ陳列法の一種に數へることが出来る（中略）一般觀覽者には可なり興味を起こさせるものであって、普通の陳列方法の單調を破り倦怠から救うことが出来るものである。

下元の言う特殊陳列法は、組み合わせ展示ではあるのだが、時代室ほど同時代の資料の組み合わせと言った厳密な歴史資料の組み合わせではなく、実物資料による模式的な組み合わせを意図した展示と理解できよう。この点は、実物資料を利用した模式であり、実物資料による状況模型であると看取され、その展示効果は時代室と同等であると考えられよう。

したがって、縮小模型製作が困難である場合や展示の上でワンパターンから脱する必要がある場合は、下元の言う特殊陳列法である状況模型も必要とされる展示であろう。

**参加型展示―受動態から能動態へ―**　いわゆる参加型展示については、研究者により幾つかの分類が存在し、統一されていないのが現状であろう。筆者は受動態に対する能動態展示を下記の概念で分類している。

　　　　　　　　　　　参加型展示（知的参加）　マインズ・オン
　　能動態展示
　　　　　　　　　　　体験型展示（物理的参加）　ハンズ・オン

先ず博物館展示は、人間社会の広義の展示の多くに共通するように、一般に見学者にとっては受動態であることを常態としている。ただ厳密には博物館へ行き、展示を視覚により見る行為自体も見学者にとっては基本的な意味では能動態と言えようが、展示の基本である視覚認知は展示を見る者にとってこの場合は受動態行為であると見做せよう。

つまり、この博物館展示における両者の関係は、商業展示やテーマパーク・遊園地等には介在しない要素であるが、裏を返せば能動態である本要素こそが人間の持つ本能に沿った娯楽性を発生させる根本的要因であると看取されよう。

したがって、通常能動態要素を伴わず常に受動態である博物館展示は、見る者にとっては満足感を大きく欠如した展示形態なのである。ここでいう満足感とは、受動態であるが故に常に受身である為の抑圧より発生する不満に対し、開放感とさらにはある程度の自由意志に基づき、一方的であった展示に参加できると言った双方向性を具体的に指すものである。この能動態である双方向性こそが、テーマパーク・遊園地とは異なる意味での博物館展示における満足感と娯楽性の基盤を成すものであると考えられる。

ハンズオン（大英博物館）

日本歯科大学附属「医の博物館」　　　アルバカーキー自然史博物館

　また、見学者の誰しもが展示室において感じる疲労感は、常なる受け身であるが故に発生する倦怠感の鬱積が精神的疲労を齎す最大の原因であろう。拠って、精神的疲労からの物理的博物館疲労の発生も相まって、展示室に長くは居られず、結果として展示室内での滞留時間が短くなることと、さらには当該苦痛の経験が博物館から再利用者を遠ざけることとなっているのである。
　このような理由から、博物館展示は受動態展示から脱却を図り、見学者が先ず本能的に満足し得る能動態要素の取入れが重要なのである。この点に関して新井重三は、次の如く記している[6]。

>　「博物館というところは、観覧者の手足を縛って眼だけで物を見せようとする。」と言った人がいるが、利用者は、決してガラス越しで見る展示には満足していないのである。一寸さわってみたくなるというのは、その心理的背景に触覚によって見たい衝動の現れである。物のもつ情報は視覚だけによって伝達されるものではない。身体全体でとらえること、すなわち体験を通して感受したり理解して貰う展示が必要になってくる。

　正鵠を射た博物館展示に関する考え方であり、誰しもが賛同するであろう。
　具体的な参加型（マインズ・オン）は、あくまで知的参加を目的にしたクイズ形式の展示やミュージアム・ワークシート、ミュージアム・グッズ等から実行されるのである。
　一方体験型展示は、視覚以外の触覚・聴覚等に訴える展示で、磨石や石臼によるドングリ・トチ等の堅果類の粉砕・高機による機織・シミュレーション映像での操作・人力作用による発電等々の科学原理に関する展示や氷点下を体験

させる展示など様々な展示がある。

科学館の展示資料は、その大半が現在製作された資料であるため、損壊した場合にも修理が可能であると言う資料群の性格から、体験展示、ハンズ・オン展示の数は圧倒的に多いのが事実である。これに反し、人文系博物館では資料保存の観点から大きく制約を受けることとなる。したがって、人文系博物館での能動態展示は体験展示（ハンズ・オン）よりも参加型展示（マインズ・オン）に重点を置かねばならないことは明白である。そうした場合、参加型展示の主体を成すのは後述するミュージアム・ワークシート、ミュージアム・グッズであり、ミュージアム・グッズを扱うミュージアム・ショップは博物館展示の延長でなければならず、それは博物館展示を代表する参加型展示であり、体験型展示でもあるのである。

**蔵のぞき・整理室のぞき**　「蔵のぞき」なる用語は、水族館の嚆矢となった明治15年（1882）に設けられた上野動物園の観魚室（うおのぞき）をもじり、筆者らが提唱した造語である。経緯の詳細については『学会ニュース』[22]に筆者が記した通りである。

具体的には、収蔵庫の内部を収蔵庫の外部である廊下部分からの見学を可能とする設備である。つまり、収蔵庫の通路側の壁面の一部にはめ込み式のガラス窓を設置することにより、収蔵庫内の可視化を図り、収蔵状況を展示物として広い観点で捉えようとする展示施設である。換言すれば、超大型の展示ケースとも言えよう。

「整理室のぞき」は、筆者が蔵のぞきの延長で呼びならわした造語であり、

収蔵庫の紹介展示
（滋賀県立琵琶湖博物館）

蔵のぞき
（兵庫県立考古博物館）

構造的には蔵のぞきと同様であると看取されるが、整理室の規模の大きさに伴い兵庫県立考古学博物館等に設けられているような大型の施設も認められる。

　蔵のぞき・整理室のぞきの両者の目的は、ともに博物館の展示以外の機能である保管・保存の実態と基本的な資料整理の実態を見学者に提供することにより、博物館の展示以外のさまざまな機能の存在と、その内容について理解を求めることを目的とするものと看取される。

　蔵のぞきは、その名の通り収蔵庫の実態を視覚空間とすることであり、それはまた収蔵展示でもある。整理室のぞきによる情景はある意味でコスチュームスタッフによる演示と表現出来る極めて臨場感に満ちた展示でもある。

　そもそも博物館における蔵のぞきの嚆矢は、昭和51年（1976）に開館した千葉県立房総風土記の丘の資料館（平成18年に合併により千葉県立房総風土記の丘）の蔵のぞきが最初であると筆者は認識している。

　風土記の丘は、昭和41年に文化庁の前身であった文化財保護委員会が提唱した「風土記の丘構想」に基づく、「日向風土記の丘」「紀伊風土記の丘」を先駆とした遺跡博物館で、房総風土記の丘は全国で6番目に設立された風土記の丘であった。昭和44年より建設計画に着手し、資料館の建築工事は昭和49・50年にかけて実施され昭和51年に開館したものであった。そして、開館当時より蔵のぞき展示は付設されていたが、関係者にお聞きするところでは特別の呼称名はなかったとのことである。

　次いで、昭和52年にリニューアルされた北海道の斜里町立博物館にも設けられたが、やはり呼称名はなかったようである。

　新しいところでは、平成17年（2005）10月に国内4館目の国立博物館として福岡県太宰府市に開館した九州国立博物館にも、廊下側から収蔵庫を覗きこめる同様の施設がもうけられているが、やはり名称はないとのことであった。

　このような「蔵のぞき」「整理室のぞき」は、見学者にとっては未知との遭遇といった感覚の想定外の驚きと、これに伴う満足感が新たな博物館の魅力となることが期待されるのである。

　したがって、積極的に見せようとする意識が必要である。「蔵のぞき」の場合は、開口部も大型の1ヶ所ではなく、小型で複数あることが心理的にも覗くという行為を際立たせる意味で好ましいと思われる。覗くことによる場面も一

様ではなく、資料の種類がそれぞれ異なることが重要である。つまり、時代室的ジオラマ要素がそこに介在すればなお魅力あるものとなろう。

**究極の参加型展示―韓国西大門刑務所歴史博物館の事例―**　西大門刑務所博物館は1995年に開館し、ソウル特別市西大門区峴底洞に位置する西大門独立公園内に所在する。

西大門独立公園内には、当該西大門刑務所歴史博物館をはじめとし、独立門（史蹟第32号）、迎恩門柱礎（史蹟第33号）、独立館、殉国烈士追悼塔、3・1独立宣言記念塔などが現地保存あるいは移設され、韓国民族の聖地とした主旨に基づき野外博物館が設立されている。

1987年に西大門刑務所歴史館の前進であったソウル拘置所が京畿道義旺市に移転する時点では、15棟の獄舎が存在していたようであるが、それらの中で、1915年に建設された10・11・12獄舎、1923年に建設された13獄舎・保安課庁舎・死刑場及びハンセン病舎・中火舎は、民族独立の象徴として保存された建築物であり、これらの中で10・11・12獄舎の3棟と死刑場は史蹟第324号に指定され、近代遺産として今日に至っている。

以上のように、当該館は刑務所として建設されたレンガ造りの近代建築であり、これを遺産と定義した上で保存・公開・活用を図った施設で、刑務所の歴史を通し、韓国の20世紀前葉の激動期と、その中での民族独立を目的とする抗日運動史を展示したものである。

西大門刑務所歴史館は、従来の保安課庁舎を当該野外博物館の核である西大門刑務所歴史展示館とし、柳寛順地下獄舎や前述した中央舎、9・10・11・12獄舎、工作室、ハンセン病舎、死刑場、屍躯門、追悼碑等の建築物から構成されている。展示の主体を形成する歴史展示館は、地下1階、地上2階の3層からなり、1階は追悼の場として映像室、資料室、企画展示室からなる。2階は歴史の場で、民族抵抗室、刑務所厄火室、獄中生活室が、地下1階には臨時

**絞首刑の体験型展示**
（西大門刑務所歴史博物館）

拘禁室、拷問室の歴史展示がなされている。

　一方、中央舎・工作舎の両舎は、西大門刑務所体験館として体験展示が展開されている。"歴史に対する生々しい体験を通じ真摯な視覚をもとう"と題する工作舎の体験展示は、解説書によると、「……先烈たちの苦悩と痛みを直接体験することで自主独立精神を学ぶ歴史教育の場です。」とする明確な展示の意図が示されており、具体的には爪刺拷問・箱拷問・電気拷問・裁判体験・死刑体験が可能な体験展示が配置されている。

　この中で筆者が体験した"死刑体験展示"は、しばり首用の網の輪が頭上に固定されてあり、首に掛けはしないのだが死刑台の坐った木製椅子がやや間を置き"ガタッ"と2～3cmであろうか振動を伴い落下する仕掛けなのである。博物館展示としての正鵠を射た体験と言えるのかどうか甚だ疑問ではあるが、所謂ボディーソニックによる十分な衝撃を受けるという意味で"究極の体験展示"と表現したものである。擬似であることは明確であっても、その臨場感から恐らくロープを首に掛けては筆者は参加できないであろう。

　この点で確かに、インパクトの強い体験展示であることは事実である。真髄を追求することは不可能な事象であろうが、と言って当然擬似には至っていない到達し得ない体験の種類なのである。この結果、当該歴史館の史実に基づく重厚な歴史展示の意図・目的が突然、本体験展示により、軽妙化を齎したことも端的な感想なのである。

　つまり、ここで考えねばならないことは、博物館展示の中で体験展示の必要性と重要性は確認するまでもないが、すべての専門領域の博物館、及びその展示に必ず効果を齎す展示技法でないことも確認せねばならないのである。

　中でも、当該歴史館やわが国の原爆資料館・平和資料館等の設立主旨の基軸を戦没者の追悼、命への畏敬とする館種での体験展示は、ややもすると軽率化、場合によってはパロディ化し本来の展示意図が稀薄となる傾向が強くなるものと看取されるのである。

　そもそも擬似とは誰も許容されるような軽い事柄であろうか。それもテーマパーク等々とは異なり、過去の情報を伝達し、各自が歴史を振り返りその中で考慮をうながすことを目的とする博物館においてである。

　長崎原爆記念館に展示されている被爆の高熱により変形したガラス瓶、瓦へ

の触示による体験が、かかる観点での展示効果上最大限度の体験型であろうと思われる。むしろ、当該専門領域の館には、体験型展示でなく、知的参加型展示を配置することが重要であると考えねばならない。

やはり体験型展示は、科学館以外の中でも人文系博物館に於いて採用する場合は、その展示の目的・意図とそれより発生する展示効果の中でも展示を見る者の心理を十分に考慮しなければならない展示技法であることを、確認せねばならないと痛感した次第である[23]。

**動態展示と動感展示** 博物館展示は、一般に"時が止まっている"と揶揄されるが如く、静止状態であるのが常である。広義の展示要素の中に常に介在する展示対象者への注意の喚起を想起するならば、動きあるいは動感は博物館展示における見学者に対する注意の喚起要素の一つであることは肯定されよう。

本分類に関しては鶴田総一郎・林公義は資料の形態にその分類基準を据え、新井重三は展示手法に基準を置いているのである。展示手法といっても展示技法が介在する限り、すべてが本分類での対象となるわけである。両者の分類された展示形態をみると、新井は静止展示・映像展示・演示・動力展示・飼育展示・栽培展示・体験展示をあげているところからも"静と動"を意図した分類であることが窺い知れる。一方、鶴田が固定展示・動態展示・生態展示を展示形態として記している。

以上からも明白であるように本分類の要点は、展示の手法における動感に帰着するのであるから、筆者は直截に「展示の動感の有無による分類」とその基準を定めたものである。

影による動態展示（奈良県立博物館）

動感のある展示

**静止展示と動感・動態展示**　静止展示（固定・固着展示）は、展示の中でも最も基本的な展示形態であり、同時に最も一般的な展示形態であると言えよう。本展示の最大の特徴は静止状態であるが故に、見る者にとって当該資料の法量・形状・色調・材質感等々が心ゆくまで熟覧できる点に尽きるのである。本静止展示の範疇には、固定・固着展示なる用語も同義の枝葉として含まれる。静止展示は、動物の生態・行動や生育過程・製作工程・芸能や神事に代表される一連の流れに基づく無形の展示には、あくまで静止であるために時間の経過を具体的に介入させることが不可能である。

　また、静謐の中での資料鑑賞には適しているが、その反面見学者の注意を喚起する要素は脆弱である。

　たとえば、写真であれ文字であれ、通常のパネルは静止展示であり、固定・固着展示である。これに動感が加味されればトライビジョン・スライドパネルとなり、工程や変遷の明示に適合した展示形態となると同時に、動きによる注意の喚起が発生することとなる。

　この動態展示は、用語名の如く可動あるいは動感を有する展示を指す用語である。また、博物館界で展示形態として従来より分類名として呼称されている動力展示も同義語、あるいはより広義の動態展示に含まれる展示形態と解釈されるが、用語統一を目的に動力展示も動態展示と呼称することを筆者は別著[19]で提唱したとおりである。

　つまり、動きを呈出させるのは動力だけではないことは周知のとおりである。そもそも、動力展示の呼称名は昭和5年（1930）に棚橋源太郎がその著『眼に訴へる教育機関』の中で「動力応用陳列」と記し、次いで昭和25年（1950）の刊行の同じく棚橋による『博物館学綱要』の中では「展覧に動力の応用」と標記しているのが濫觴であろうと看取される[8][18]。

　動態展示の展示効果としての特質は、前述した如く"静"の中の"動"と言う意味での注意の喚起と、すべてが止まっている博物館展示室内の静謐な状態より発生する重圧に対する"息抜き効果"と、さらには動により増幅される臨場感の3点をあげることができよう。

　なお、必ずしも動きではなく動きを感じさせる展示も動態展示の範疇に含まれることは前述したとおりである。たとえば、古民家の囲炉裏を含む居間の構

造展示の場合、囲炉裏内の熾きに電飾を施すことにより真っ赤に熾った状態を創出することで構造展示の部屋全体に動感が発生し、臨場感は格段に増幅されることとなる。この場合の電飾による燠火は、実際には動きはなくとも動感を呈出する原因となる。さらにまた、同様に茶の間の構造展示において、箪笥の上に置かれたラジオからニュースが流れているだけでも、茶の間の構造展示全体に動感が生ずることにより、臨場感はいやが上にも高揚するのである。この場合の展示全体に齎す動の原因は、音声であることは確認するまでもない。

　以上の観点からも、博物館展示には動感展示は必ず必要なのである。この動きによる展示が博物館での緊張感を解きほぐすと同時に娯楽性を生み、リピート客を誘引することとなるのである。

**時を止める人形**　前項でも記したように、博物館展示における静止状態は実に不気味に感じられる場合もある。たとえば、歴史・民俗系博物館によくみられる、一場面を復元した実寸大の情景復元展示のなかに場面に適合した服装の人形を組み込んだ展示が常套的に存在する。当該展示における人形の配置意図は、コスチューム・スタッフに変わり臨場感の表出を目的とするのであろうが、結果として目的に反して動きのない人形がどうしても中心的存在となる為、時間が止まり何となく奇妙なものとなり、展示効果はマイナスとなっている事例が多いことも事実であろう。

　さらに、人形の顔や手足等の露出部分の表現が厳密であればある程、展示者の意図に反比例して静止状態より発生する奇妙さの度合いは皮肉にも高まる一方なのである。

時をとめる人形

不自然なマネキン人形を使用した展示

それではと、動きを加えた人形を配置している展示も散見されるが、当然人間と同様の動きが望めるはずもなく結果として稚拙感が先行し、臨場感が欠如し白々しさすら感じさせ、見学者の注視力を永続させるには極めて不適切な展示となっているのである。

　したがって、この場合人間と言う動きが当然予測できる人形を登場させるから、動かぬ人形では全体の場面自体が静止するのであって、人形さえ取り除けば場面は決して静止しているのではなく、そこには常なる人々の営みがあることをingの形で伝達することも可能なのである。原則的には、時代室等の実寸代の構造展示には人形の配置は避けるべきである。

　どうしても人形が情報の伝達の上で必要ならば、猫が囲炉裏端で蹲っていても見る者にとっては違和感がなく時間の流れを感じさせるように、人形も本来動きがなくとも不自然ではない、老人や寝ている状態などを再現し動かないことが不思議でない場面での設営が重要である。

　北海道江差町に所在する開陽丸青少年センターは、明治元年（1868）に江差沖にて座礁、沈没した江戸幕府の軍艦開陽丸の遺品3万余点を昭和50年（1975）に引き揚げ、復元した開陽丸を博物館として活用したものである。構造展示による開陽丸の船内展示の中に実寸大の兵士の人形が、ハンモックで就寝している展示がある。勿論人形は、動かないのであるが"鼾"により聴覚に訴えることにより、見るものには動感を十分感じさせる展示となっている。展示は視覚のみではなく五感に訴える行為でなければならないことを再認識するものである。

## 総合展示の必要性

　「総合展示」と同義の展示分類用語として「総合的陳列」があげられ、当該用語は棚橋源太郎により初めて使用された用語であることは周知の通りであり、総合展示理論の萌芽も棚橋によるものと考えられてきた[8)18)]。

　しかし、歴史的には呼称名ではないが「総合的方法」と記し、総合展示理論を展開したのは高山林次郎であり、総合展示理論はこれを濫觴とするとすることが明白となった[24)]。当該論文は、高山により明治32年（1899）に著された「博物館論」であり、次の如く書かれている。

　　吾人の次に當事者の注意を請はむと欲するは其排列の方法にあり。從來

本邦の博物館にありては、物品陳列の方法一言すれば分析的なり、是の如きは少くとも美術博物館に関して其の宜しきを稱すべからず。凡そ美術は其時代の人文と相待て初めて其存在の眞意義を見るべきもの也、畢竟一幅の山水、一基の彫像の是社會に現はるゝや其周圍の文物是を要したればなり。（中略）

若し是を玻璃筐内に移し番號題名を附して商品の貨物の如くせば恐らくは作者が一刀三禮の妙趣得て探知すべからざらむ。東山名物の梵竺傮も四疊半を離れては多少の韻致を失ふべく、在中庵の茶入も、椅子テーブルの上にては竹を以て木に接するに等しからむ。（中略）

是を以て吾人はセメテは普通の美術博物館中に於て從來の無趣味なる分析法を用ゐず成るべく綜合的方法によりて、一時代の文物境遇と當時の作品とを品彙比照せむことを望む。

正に総合展示を明確に意図したものであり、明治32年の発表であることに驚かされるのである。

総合展示の解釈には、複数の考え方が存在する。高山や棚橋が意図した総合展示は、資料を単独で提示するのではなく、その資料が存在した環境・状況をまとめて（場合によっては再現）展示することにより、資料と資料の相互関係より発生する情報と臨場感によって、展示の魅力を増幅させることを目的としたものであった。

高山の考え方は引用の通りである。棚橋の理論も同様で動物剥製を単独で展示するのではなく、生息域の状況を土石や植物とともに展示する所謂組み合わせ展示を総合(的)展示としたものであった。

一方、加藤有次は資料

総合展示の概念

の組み合わせによる従来の総合展示に対し、一課題に対しあらゆる学域で総合的研究を行い、その研究成果に基づく学際的展示が総合展示であるとした[25]。両者の総合展示に関する考え方は、現在にも永続している考え方である。

　総合展示について具体的に構想を示すと次の通りである。仮に、太平洋に面する県もしくは市町村立の郷土資料館タイプの博物館であった場合、当然の如くとしてカツオが地域の特性の一つとしてあげられよう。この場合、通常の郷土資料館の展示であれば、先ずカツオは自然系の水族部門において他の回遊魚と共に展示されているであろう。次いで、人文系の考古部門では貝塚から出土した他の魚骨と共に紹介されるであろう。さらにカツオ漁に使用したと推定される縄文時代の鹿角製釣り針も、各種の銛や漁労具に混在した状態で展示されているであろう。次の歴史コーナーには、江戸時代のカツオ漁を描いた漁労に関する絵や水揚げ量を記録した古文書、藩主に初ガツオを献上した古文書等々もいろんな古文書に交じり展示されているだろう。次の民俗コーナーにはカツオが染め抜かれた大漁旗をはじめカツオ漁に使用された各種の漁具、戦前期に撮影されたカツオ釣りの写真や水揚げに沸く港の情景写真等々が、これも各種の漁具や写真と混在し展示されているだろう。場合によっては、カツオ漁の模型やジオラマ展示が加えられているかもしれない。また、同じ民俗コーナーであっても生活部門の中に生活民具に混在してカツオの加工具が羅列されているだろう。しかし、それらの加工具はきらびやかな生活用具の中で、見学者の注意を喚起することなく見過ごされているのが実情であろう。芸能部門では、種々伝わる芸能の中でカツオの大漁を願う「カツオおどり」が映像展示されているであろうし、信仰部門では正月神事や各種の絵馬に混在してカツオの豊漁を祈念した絵馬なども展示されるといった具合である。

　以上のように、従来型の郷土資料館では各々の学術領域においてカツオに関する資料は確かに展示されているのであるが、各コーナーの展示品はそれぞれが独立して展示されているために全く横の繋がりがなく、カツオの情報に関してもそれぞれの専門領域内での微視的な情報の伝達でしかないのである。

　この従来型の展示に対し、ここでいう総合展示は各学術専門領域の研究による知見を自然科学、人文科学の垣根を取り外すことにより関与するすべての学域で、カツオというテーマについて総合的に展示するものである。カツオとい

うテーマに沿って繰り広げられる本展示の基本構成は、当該地域でのカツオとは何か、人とカツオの関係、延いては日本人とカツオ、カツオ文化を伝達する展示となるのである。

したがって、この総合展示を目前にした見学者は、生物としてのカツオの生態は基より、漁法・加工法・食文化・信仰・芸能・文学・故事／諺に至る言語、さらには美術・工芸等を通しての"勝魚"の持つ吉祥性に至るまで、日本文化の中のカツオに関する多様性に富む情報を、資料を媒介とした展示により一目瞭然にすることが出来るのである。

そして、本総合展示に介在すると予想される展示形態としては、基本的には総合展示は明白であるように課題展示である。次いで、本展示の大半は説示型展示でなければならないが、吉祥意匠としてのカツオをあしらった文箱・硯箱・鐔・絵皿・列地・絵画等々の美術・工芸資料は提示型展示もあろう。さらに細分された展示形態としては、全体的には静止展示であるがカツオの回遊範囲や上りガツオと落ちガツオの泳ぐ速度等の情報伝達には動態展示が好ましい。漁場の様子や加工工程、神事・芸能は、映像展示が最も効果を発揮するであろう。カツオの一本釣りの体験を目的に、下端を固定した釣り棹をもってもらうことにより、カツオの引きを実感できる体験展示も必要であろう。また、カツオの種類の分類や出土釣り針等には分類展示が必要となるであろうし、鰹節の加工に関しては時間軸（変遷）展示や古文書を媒介とする歴史情報の伝達では歴史展示となろう。カツオは眠る時も泳いでいなければならない理由としての呼吸法の明示や、螺鈿細工による文箱の製作技法については科学展示となろう。

さらに、カツオ船を実寸大で配置すれば必然的に構造展示となろうし、漁場や水揚げ港の情景を明示するジオラマ展示もあろう。カツオブシ製作に関しては、映像展示は基より使用された実物資料とそれらの使用模型と実写映像の組み合わせによる三連展示が有効となろう。さらに、ステージを変えた二元展示も必要であろう。

以上雑駁にカツオを課題とする総合展示に予想される項目と展示法について縷々述べたが、これによって百科事典的総合ではなく、結果として日本文化の中のカツオ・カツオと日本人・カツオと自分たちの地域を展示できるの

である。

　くどいようであるが、当初述べたように単一学域展示による各学術専門領域であれば同一課題の資料が区画・分散された状態となり、見学者には極めて理解し難く印象性も脆弱であろう。

　これに反し、総合学域研究による総合展示をみれば、カツオと日本人の関係・カツオ文化を展示意図とする、有機的に絡み合う資料を通した様々な情報伝達が可能となるものと看取されるのである。

**水族館での総合展示**　本稿での、「環境水族館　アクアマリンふくしま　ふくしま水族館」は、平成23年（2011）3月11日に発生した東日本大震災による津波で地下施設・1Fが浸水し、施設・飼育水族ともに多大な被害を受け閉館を余儀なくされていたが、水族館運営者の多大な努力により平成23年7月15日に再開されている。筆者は、再開後の「環境水族館　アクアマリンふくしま　ふくしま海洋科学館」は、実見しておらず、以下の稿の初出は、平成21年の『学会ニュース』[26]であるところから再開された現状とは異なる点もあるかもしれないのでお含みおき願いたい。

　一口に博物館と言っても、その専門領域は多岐に及ぶことは周知のとおりであり、筆者自身ここで記す水族館をはじめ、動物園はもとより、法制度上からわが国の植物園も博物館であることは心得ているつもりであった。

　中でも動物園・水族館分野に於いては、多数の博物館学的視野に基づく論者が存在し、「水族館学」・「動物園学」をそれぞれ確立し、博物館学の中に位置づけるに至っている。

　しかし、博物館学研究に基づく理論は、現場である水族館に反映されていないと言っても過言ではなかろう。このことはなにも水族館に限られたことではなく、わが国の博物館全般に共通して認められる現象であり、博物館学と現場である博物館の間にまだまだ現実乖離が広く存在しているのが事実なのである。つまり、博物館であって博物館学なしの状況が依然継続しており、当該現象の最たる博物館での専門領域が植物園であり、次いで水族館であると思っていた。しかし、本稿で記す「環境水族館　アクアマリンふくしま　ふくしま海洋科学館」（以下アクアマリンふくしま）の見学を機に当観念は払拭しなければならないこととなった。

つまり、アクアマリンふくしまは、従来一般的であった水族のみを専門領域とする水族館とは異なり、当然のことながら軸足は水産学に置くものの広く植物・歴史・民俗・地質学等の分野をも含めた総合的郷土博物館であり、さらに野外部を有する野外博物館である2点を最大の特徴とする水族館なのである。即ち、従来の娯楽性に重点を置いた水族館とは大きく異なり、換言すれば利用者にとっての最大の利益は、自分のふる里が確認出来得る内容を持った水族館という切り口の郷土資料館であると看取せられるのである。

アクアマリンふくしまは、平成12年（2000）7月に開館して居り、もはや9ヶ年を経過している施設であるのに今頃になって足を運んだこと自体恥じ入るばかりであるが、率直な感銘を以下列挙する。

その名称に環境水族館と冠している通り、「海を通して『人と地球の未来』を考える」とする基本理念のもとに、自然と人、海と人との係りを基本とした理論展開が従来型の水族館を打破し、博物館としての水族館に昇華せしめた最大の原因であろうと看取される。

具体的には、「海・生命の進化」、「あぶくま東緑の地質生物」では、当該地域の地質学・化石学資料の展示を化石や太古のタイムカプセルと銘打った、博物館学的用語を用いると自然がなした封入標本である昆虫入り琥珀等々を展示し、一方「福島の川」では、福島県下のさまざまな水辺の自然を構造展示により臨場感に満ちた再現を行っている。当該地域の植生を十分な調査に基づいた成果と観察展示は、正に植物園を合体させたと表現しても過言ではなかろう。同様な趣旨は、熱帯アジアの水辺等でも認められる。

さらには、貝塚の土層剥ぎ取り標本等々による縄文時代の漁労、相馬地方の製塩、ふくしまの漁民信仰、カツオ漁と鰹節づくり、近世漁業の知恵等々の展示を代表とする考古、歴史、民俗分野を加味し、海と人との係りを感じさせると同時に、失礼ながら単なる水族館ではなく海を課題に学術分野に於ける自然系と人文系を融合した総合的博物館となり、またその小テーマの選出により郷土博物館として機能する水族館となっているのである。

何と言っても驚いたのは、訪れた時に開催されていた特別展の「海の男たちの盆栽展」であった。確かにキーワードである海を踏襲し、人間がその感性の中に植物を介在させた展示文化である盆栽の展示である。この特別展の開催か

らしても本博物館の総合性を直截に明示するもので、只ならぬ博物館理念と経営理念に基づいている結果の産物と評価されよう。また、心憎い本特別展示の開催は地域に密着した博物館であることの証明であることも事実である。

　次いでは、メダカやタナゴを始めとする水中生物が泳ぎ、昆虫が飛び交う小川・水田・里地・潮の干満による干潟・磯・砂浜からなる自然感を五感で体感出来る野外部を併設する野外の博物館である点が大きな特質である。筆者の知る限り水族館の野外博物館はわが国で唯一であろう。建物内に留まらず野外部を有する野外博物館の必要性は、従来の博物館では室内での展開に限定されていたのに対し、核となる屋内と野外を有することで、臨場感に富む非日常的展示空間が創出できるのである。野外博物館では、自然を介在させることが容易であることから、自然・歴史・民俗・産業といった多分野を併せ持つ総合博物館を容易に形成し得るものとなり、当該空間での展示効果である"驚きと発見"あるいは"癒し"・"休息"・"回想"等が、さらには非日常的な限定空間での四季の移ろいは、逍遥を増幅させるであろう。また、なんと言っても野外ならではの年中行事を始めとする種々の体験学習等々が可能となり、これもまた集客力の高揚に直結するものと予想される。

　さらに次なる特徴として、キッズアクアリウム・キッズビオトープと命名する子ども水族館を併設しているのである。それも屋内（キッズアクアリウム）と野外（キッズビオトープ）の両者である。野外のキッズビオトープは、昭和55年（1980）に姫路市立水族館でその呼称名とともに開始された"タッチングプール"であるが、野外であるが故に大規模な範囲で筆者の知り得る限り世界最大のタッチングプールであろう。

　水槽展示では、当該地の海域は黒潮と親潮がであう潮目の海である地域特性の展示を行っている。仮に左右とした場合、右水槽には黒潮圏の水族を、左水槽には親潮圏の水族をそれぞれ配し、三角状のトンネル水槽を採用することにより比較展示効果を高めている。親潮水槽にはオホーツクを代表する海鳥であるエトピリカが飼育展示され、一般に水族に限定される中にあって、点景となっている。この大水槽の前に、プリズムトークと称する解説がなされている休憩所を兼ねた滞留空間が設けられているのは水族館の常套であるが、ここではコーヒーや紅茶、中でもワインが提供されていることも印象的であった。

以上記して来た以外にも教育諸活動等に於いてまだまだ特質があるが、博物館の顔である展示は、その理念に基づき構成されていることが理解できた。中でも自然の取り入れの基本である植物（学）を総合の基本に置いている点が特徴となっている。野外の海浜付近には、太平洋側の南限に近い特性故であろうかハマナスが植栽され、何と言っても駐車場からエントランスの間の所謂花壇には、ありがちなパンジー・サルビア・マリーゴールド等の花卉とは異なり、アクアマリンアグリと称し大根・カリフラワー・ニンジン・タアサイ・プリヴェール等の野菜が育てられている点も理念の具現であると理解できよう。

## 集客と博物館参加を意図する特別展示

ここで述べる特別展示は、企画展示等をも含めた一過性の展示を指し、常設展示とはこの意味で峻別するものである。特別展示は、常設展示に比較して集客が高まることは上野や六本木に所在する博物館群を見れば自明のことである。このことはいつでも見られる常設展とは異なる一過性という期間限定に触発される人間心理によるものであろう。

そもそも、自然界の広義の展示に立ち返って観た場合も恒久的常設展示は存在しないのである。しかし、常設展示こそが博物館を決定づける展示であるから、常設展示の集客力の脆弱さを補填する目的も含めて特別展示を実施しなければならないのである。

したがって、いくつもの特別展示がほぼ年間を通じて行われている状態が集客を目的とする上では好ましいことは確認するまでもない。ここで言う特別展示とは、先ず博物館が実施する学芸員の研究成果の発表の場としての特別展示や、地域に根ざした特別展示である収蔵資料展示・新着展示等があげられる。これらを実施するには収蔵資料の充実と常なる資料の収集を必要とする。

また、博物館法第3条8項には、下記の条文が明記されている。

  当該博物館の所在地又はその周辺にある文化財保護法（昭和25年法律第214号）の適用を受ける文化財について、解説書又は目録を作成する等一般公衆の当該文化財の利用の便を図ること。

上記条文からも明確であるように、地域の文化財展示等も実施することにより、当該地域の風土と歴史の再確認の場としての使命を博物館は有しているこ

とを忘れてはならないのである。

　さらにまた、個人コレクション展示や卒業制作展示、研究会・同好の士等による生涯学習の成果の展示などがある。これらの展示は基本的には持ち込み展示であるから、市民と博物館を結ぶ意味で参加型博物館となり、集客力の高揚に留まらず地域博物館としての活性化が齎されるものと予想される。

　なお、個人コレクション展示の開催は、当該地域における資料（コレクション）の所在調査にも直結する事業ともなるところから、所在調査・悉皆調査の延長として把握すべきである。資料の所在調査・悉皆調査は、多くの博物館は基礎調査として実施済みであろうが、それらは神社・仏閣・代表的旧家などを対象としたものであって個人コレクションには至っていないのが実情であろう。かかるところからも、博物館にとってはコレクションの実態把握の目的で大きな意味を持つものである。

　また、博物館への誘いの目的では、ほぼ年間を通しての企画展示の開催は企画する団体や個人に留まることなく同好の士は元より家族・親戚・知人等々の関係者の来館が期待できるのである。この繰り返しによる利用者の増加により博物館は地域社会の中に根付くものと期待できるのである。

　代表的事例として、前者には大分県立博物館の地域文化財展等が、後者には岐阜県立博物館の個人コレクション展示であるマイミュージアム・ギャラリー等々があげられる。

　岐阜県立博物館のマイミュージアム・ギャラリーについて、糸魚川淳二は『新しい自然史博物館』[27]のなかで、「マイミュージアムの功罪」とした項で次の通り記している。

　　岐阜県立博物館は1995年から「マイミュージアム」という展示室をもっている。これは個人コレクションに博物館が場を提供して、展示をしてもらうというやり方である。（中略）

　　ここで問題なのは基準があるようでないことである。博物館は場を提供するだけで、展示資料の選択は個人にまかせるというやり方には不安がある。それは真贋の問題とモラルに関することである。自然史関係の資料にさえ、誤った解釈のされた資料をしばしばみかける。（中略）

　　しかし、この試みは私的コレクションの評価という面で一歩進めたもの

といえ、上に述べたような心配はあるが、私的な「もの」が公的な意味を持ち始めたということにもなる。また、博物館活動に市民が参加するという意味でも重要なことであると考えられる。

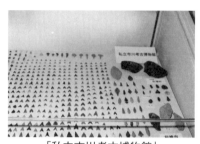
「私立市川考古博物館」
コレクション展示（岩宿文化資料館）

糸魚川は、資料の真贋の問題と展示の上でのモラルについて腐心しているのである。このことは、たとえ貸し会場であっても十分に留意せねばならない要点である。したがって、市民の積極的な参加を目的とする個人コレクションであっても、展示資料と内容の吟味は博物館運営者の責務であると考える。

中でも記憶に強く残っている個人コレクション展示は、平成11年（1999）に群馬県笠懸野岩宿文化資料館で開催された「私立市川考古博物館」である。本展示の妙味は、千葉県の市立市川考古博物館をもじったネーミングで、市川さんが収集した考古資料を展示したものであった。

**姉妹都市・友好都市の紹介展示**　姉妹都市・友好都市を常設展示として紹介している博物館も一部認められるが、あまりなされていないのが一般的ではなかろうか。自分が在住する市町村の姉妹都市・友好都市を知らない人が多いことも事実であるから、意義目的と理由を啓蒙する意味での展示の意義は大きく、当該事項を啓蒙する機関として最も適するのは博物館であることも事実である。

友好提携都市の展示（北海道開拓記念館）

複数に及ぶ場合などは、特別展（企画展を含めて）として順次開催することが重要である。換言すれば、姉妹都市・友好都市が多ければ多いほど特別展の題材が多くなることになる。

たとえば、横浜市の場合、サンディエゴ（アメリカ合衆国）・リヨ

ン（フランス）・ムンバイ（インド）・マニラ（フィリピン）・オデッサ（ウクライナ）・バンクーバー（カナダ）・上海（中華人民共和国）・コンスタンツァ（ルーマニア）の世界8都市を数える。これら8都市との姉妹都市・友好都市締結理由から始まり、自然・歴史・文化等を市民に紹介する特別展示を企画する必要は十分ある。

いや、形式のみで終了するのではなく積極的に姉妹都市・友好都市に関する情報を伝えなければならないのである。それを伝える場が、それぞれの県及び市町村の博物館なのである。

**居開帳―蔵出し展示―** 　収蔵品は、博物館の骨格であり、収集の理念に基づく優秀なコレクションを必要とすることは述べたとおりである。博物館の専門領域の中で展示に供することが可能な数多くの種類と、それぞれに分類される数多くの資料の蓄積が必要である。

外部からの借用による特別展示のみではなく、自館が所蔵するコレクションを用いての特別展示が必要なのである。なぜなら、特別展示開催に伴う輸送費を始めとする経費と他機関との借用交渉等々の仕事量が圧倒的に軽減されるからである。言わば、出開帳ではなく（この場合出てゆくのではなく借りて来るのだが、資料を移動させるという意味で）居開帳なのであるからその効率性は、はるかに高いことは確認するまでもなかろう。自館が収蔵する資料で居開帳的な特別展を実施するには、多種多量のコレクションがあれば、「蔵出し展示」などと銘打った特別展が容易に且つ必要に応じて何時でも開催することが可能となるのである。さらに、学術の上でも、展示の上でも優秀な資料（群）の収蔵があれば、言わば正倉院展のような年に1度と定めた定期的な特別展示の実施も可能であろう。

たとえば、新潟県十日町市博物館であれば、収蔵する多数の火焔土器のすべてを常設展示するのではなく一部を常設展示とし、年に1回の「火焔土器まつり」などと称する特別展示を、イベントとして行うことが博物館の存在の主張はもとより多面的な意味で博物館運営にメリハリを与え、集客も高まるものと予想されるのである。

このためにも博物館は、資料の収集に努めねばならないのである。資料の収集の目的は、展示のための資料収集であって良いのである。即ち、それは教育

のための収集であり、展示し当該資料が有する学術情報を伝えるためには調査研究による学術情報の抽出が不可避であることは確認するまでもない。それはまた、地域博物館における地域資料の保存となるのである。

**夏休み中の夜の博物館**　博物館の夜間開館は、水族館・動物園・植物園等の館園では今日一般的であると言えよう。また、閉館時間の延長を行っている博物館も東京国立博物館を始めとして一般化しつつあるのが現状であろう。方法としては、通年の週末の開館時間の延長や夏季に限った閉館時間の延長がある。また、水族館等では、宿泊可能とするなど種々の形態が認められる。

　目的は、利用者へのサービスの拡大であることに尽き、結果として入館者の増加・リピートの高揚手段となることは確認するまでもない。本事業は、社会に対する博物館からの注意の喚起であり、博物館が必要とする施策の一つである。また、夜間の博物館利用は、電力資源消費の問題は別として現在の社会の趨勢から見ても適合する行為であると考えられる。中でも夏休み中の子ども達の夜の時間のすごし方を考えるとき、博物館で一考する必要があると思われる。確かに夏休み中の一過性の集客であるが、子どもへの博物館の周知であり、それはまた取りも直さず親への博物館の存在の喚起になることは必定である。

　日立市郷土博物館が実施した「よるのはくぶつかん」を紹介すると以下のとおりである。

　平成24年（2012）8月10・11日の両夜に開催され、大勢の入館者と大きな反響を呼んだ特別展示であったようである。夜間に、照明を消した展示室に各自がライトを持って観覧するという形態である。懐中電灯を持っての真っ暗な博物館展示室は、広義の展示である「お化け屋敷」とは行かないまでも、近似する感覚を呼び起こさせる環境であろうところから、映画の「ナイトミュージアム」と同様に人を魅了させる最大の原因であろう。同じ展示された資料でも見る状況や位置、光の加減によって見え方が変化することは周知の通りである。さらに自分で懐中電灯を使っての照明は、博物館展示への大きな参加であり、新たな魅力を生む結果となったことは容易に予想できるのである。

　事実、「よるのはくぶつかん」顛末記[28]によると、大勢の入館者を誘引出来たことと、参加者の反応は「来て良かった」「すごく楽しかった」「来年も絶対

やってほしい」「楽しい企画を有難うございました」等と、大きな反響を呼んだと記されている。

当該博物館は、昭和50年（1975）の開館であり30数年が経過していることや平成23年の東日本大震災により被災したことなどが相まって、博物館に対する意識聴取では、

金沢市のナイト・ミュージアムスタンプラリー

「面白くないから行かない」「一度も行ったことがない」「博物館ってどこにあるの」「お客さん来るの」「開館しているの」「博物館っていつまでやるの」「閉鎖しないの」などと、博物館の「存在価値」「存在意義」を否定するような意見が多数を占めたということである。この状況の中での起死回生の施策の一つが「よるのはくぶつかん」であったとのことである。

一方、個々の博物館が単独で実施するのではなく地域の複数の博物館が連携した事例としては、金沢市内の東山界隈に点在する博物館及び文化施設による連携事業があげられる。平成24年の8月10・11日の両夜に、金沢蓄音器館、泉鏡花記念館、金沢文芸館、安江金箔工芸館、寺島蔵人邸、徳田秋聲記念館の6つの博物館及び文化施設が夜間開館を実施したのである。「ナイト・ミュージアム」と呼称し、上記の6館が連携を図り夏休み期間中の子どもを対象とした「ナイト・ミュージアム　スタンプラリー」を設定した催しであったようである。2日間で3つ以上の博物館や文化施設の、あくまで夜間に開催されている「ナイト・ミュージアム」を見学し、スタンプが溜まれば記念品がプレゼントされるといった特別展示であり人気を博したようである。

やはり広義の特別展と同様であろうが、さらなる違いは夜間という非日常的時間帯が人間心理に大きく喚起するものと看取される。

## 展示における資料の環境・背景の必要性

　先ず、博物館における資料の収集は、原則的に無理のある行為であることを忘れてはならない。つまり、資料は本来存在した場所で保存し、展示等を含めた活用も現地で行うことが基本であるからである。

　したがって、本来の姿を逸脱した行為である収集を実施する場合は十分なる資料の遺存状況・環境等々に及ぶ総合調査・研究を経て実施しなければならない。博物館法第2条（定義）に明示されている如くの最初に収集ありきであってはいけないのである。収集の過程がかかる方法によるものであれば、研究の上でも大きな情報の欠落となるであろうし、展示においては資料の存在した状況や環境等々の再現展示が行えず、結果として極めて臨場感のない資料のみの提示型展示とならざるを得ないのである。

　展示には、臨場感が不可避であることは述べた通りであるが、臨場感の創出には資料の背景的状況や資料の環境の復元が必要なのである。環境の復元がなされて、はじめて臨場感を見る人に感じてもらえる展示の完成に一歩近づけるものと考えられる。

　この展示上での必要性を高山林次郎は、明治32年（1899）にすでに下記の如くしてきしている[29]。

　　　東山名物の梵竺倭も四畳半を離れては多少の韻致を失うべく在中庵の茶
　　　入も椅子テーブルの上にては竹を以て木に接するに等しからむ。是を以て
　　　美術の眞趣は其時代を後景として初めて了解せらるべし。

　また、昭和8年（1933）には下元連[12]も5つの展示要件の1つとして当該要件を明示している。

　　　公衆の為の陳列は或る特定の数を並べること、<u>品物は其の生来の環境に
　　　置くこと</u>各々の品物が公衆の注意を惹くようにすること、公衆の感興を永
　　　續せしむること、単調な陳列の為に公衆が疲勞することのない様にするこ
　　　となどが必要である。（傍線、筆者）

　たとえば、展示環境の整備と言う点ではアメリカ合衆国のボストン美術館の展示は、日本コーナーであれば展示室全体が和柱・障子、土壁等による和風空間が設営された中で、日本の歴史資料が展示されているのである。同様に、中

国資料の展示室内は唐様に、韓国は韓様に内装が施されており、いやがうえにも臨場感を高めているのである。同様なことは、香川県立ミュージアムの弘法大師の展示室や徳島市立徳島城博物館をはじめとする全国各地の博物館で実践されている。

展示室全体ではなく、ケース内であっても資料を取り囲む環境の復元や創出が重要である。たとえば、掛

環境を伴う剝製展示（塩尻市自然博物館）

け軸を展示する場合にスチールケースを使用し、ケースの背面には展示資料に対し中性的であることが望まれ通常観念により選択された、アイボリーもしくはグレー系の壁紙で床も同様なフェルト張りの状況の中での展示と、木製ケースの背面は京壁もしくは京壁状の壁紙で床には畳が設けられた状態での展示とでは、大きくその展示空間の臨場感と整合性が異なることは容易に想像できよう。さらに、床をもうけ床柱が設えられればさらなる臨場感を生むこととなる。この場合の、床あるいは床柱は置き床と張り柱であっても、演示具に相当するもので十分な展示効果を果たすのである。また、これらは可変性・可動性に富むところからしても、可変性のある常設展示を構成するには適している。

展示室の壁面は、床・天井と比較して視線の位置からして最も見学者が眼にする部位であるところから十分なる配慮が必要である。ここで言う配慮とは、上記の如く展示資料に適合する環境を創出することである。すなわち、臨場感

和風の展示室（徳島市立徳島城博物館）

仏教資料展示室（香川県立ミュージアム）

第4章　集客力を高める博物館展示の具体

寝かされた堤瓶（中段）

横位置（壁面）に展示された古墳の主体部

と湿度調整・眼に優しい等などの要件を忘れてはならない。安藤忠雄建築の特質の一つでもあるコンクリートの打ちっぱなしは、総じて人文系博物館には馴染まない。上面への板張りは最低限必要であると考える。

**本来あるべき位置・姿での展示**　博物館に収集された資料は、資料が本来遺存・存在していた周辺の状況や環境を失っていることは前述した通りである。この点で既に展示上の基本要件を喪失しているのである。そのうえ、さらに資料本来のあるべき姿であるところの正常な位置でない状態で展示が行われることは、見る者にとって大きな誤解や幻惑を招く結果となる。博物館展示では、資料本来の状態での展示を基本とすることが重要である。逆位であったり、本来は立っているものを転倒状態に置くことにより、不明瞭さは元より誤解すら招きかねないことも十分想定しなければならないのである。

## 2　展示の具体

### 床下は展示ケースである

　博物館展示の構成面は、原則的には壁面であるところから、展示室内においての未使用の面は天井面と床面である。

　本来、頭上や上空に存在する資料に関しては、天井部分を利用した展示は自然である。たとえば、プラネタリウムは当然であろうし、スミソニアン航空宇宙博物館をはじめとする航空機類の展示は上空、すなわち天井面での展示であることは相応しい。しかし、天井は、寝転ぶなどの体位であれば熟覧は可能で

あるが、原則的には立ち歩きの状態では見るには適さないことは確認するまでもない。したがって、この意味での展示室内で展示可能な場所として残すところは床面のみとなる。

床を利用した展示は、床面展示と床下展示の両者に区分されよう。床面展示はその名が示す通り、床面に当該博物館の案内を目的とする平面図や展示の延長である絵画・絵図面・地図等の概ね平面的資料を貼り付けて展示を行う形態である。一方、床下展示は床材に強化ガラスを用い、その下に遺構や模型・映像（ブラウン管）等を展示するものである。前者は平面的展示であるのに対し、後者は立体的資料の展示が可能である点で有利性を持つと看取される。

そもそも人は、高い場所から眼下の事物や風景を見降ろすことを好むようである。つまり、鳥瞰を好む心理は、潜在的に持ち合わせているようである。具体的には、峠や山の頂き・屋根上・崖上・木登りによる樹上を好む人が多いことはこの心理に起因するのであろう。これらの高所からの視座の最大の特徴は、鳥瞰と言う非日常的な視界を齎すことに起因するのであろう。凌雲閣や通天閣建築以前は、城の天守も同様な意味を併せ持つ施設であったのであろうが、利用者は限定されていた。庶民が当該現象を社会生活の中で経験出来る最も身近な場所は橋上であり、坂上であったであろう。この点に就いて小島有紀子は、床下展示の特質について次の如く記している[30]。

> 床下展示が博物館展示と変化を遂げたのは「日常の生活では見ることの出来ない位置」から見ることが出来るという人間の知的好奇心への訴えが大きな理由と考えられる。そのため、対岸に渡ることを目的とした橋からでも、人間が渡るには急な角度の橋からでも周囲を見るのである。

床下展示の特質は、橋に代わる透明な床を通して眼下の見学が可能となるところから、基本的に鳥瞰的景観や足下に存在する地中にある遺構や水底などの展示に関しては、全く違和感がなく自然であり、その上で立ち位置による臨場感が加味されることを特徴とするものである。

床下展示の博物館への登場は、1986年に開館したオルセー美術館のオペラ・ガルニエ付市街地の縮小模型を組み込むことにより鳥瞰的景観を創出した床下展示が、わが国の博物館での流行の契機となったとされている[31]。

しかし厳密には、わが国では既に昭和57年（1982）開館の山形県上山城博

第4章　集客力を高める博物館展示の具体

橋による床下展示（上山城郷土資料館）

大型の床下展示
（群馬県立自然史博物館）

物館に床下展示が設けられていた。これは、わが国の初期の事例であり、その後平成5年（1993）に開館した東京都江戸東京博物館に設営された「鹿鳴館の縮小模型」の床下展示や平成8年（1996）開館の群馬県立自然史博物館に設営された「化石発掘」の現場に代表される、大型の床下展示が作製されるにいたったのである。これらは、換言すれば床下に設けられたケースであると理解でき、見る者にとっては臨場感と意外性といった視座の変換からの注意の喚起が発生するものと看取される。

　一方、上述の昭和57年（1982）開館の山形県に所在する上山城郷土資料館の床下展示は、橋上から眼下を見る形態で、橋の下の池の中を鯉がゆっくりと泳ぐと言った動態をも含む展示で、前述した人間心理を捉えたものであった。

　つまり、博物館展示は壁面をもって行うと言った呪縛的考え方から開放され、見学者にとっては意外性とガラス破損の杞憂感によって、展示場所においてのマンネリの打破と展示資料の臨場感を向上させるべく目的で、必要とされる展示方法であると言えよう。

## ミュージアム・ワークシート

　本稿でいうミュージアム・ワークシートとは、欧米の博物館で開始された、アクティビティー・シート（Activity sheet）、セルフガイド（Self guide）、クイズ（Quize）などと呼称される博物館学習教材である。

　ミュージアム・ワークシートの活用目的は、博物館展示の熟覧を促し、その

なかで"驚きと発見"を見学者自身が自ら確認してもらうことと、塾覧を通した展示資料の理解の要請と再度の来館を促すことを目的とする展示補助具である。

　大略的には、受動態展示を知的参加型展示(マインズ・オン)に変換させることを最大の目的の一つとすることは前項で述べたとおりである。

　したがって、そこに提示される問題は展示に連動することが基本であり、展示を見ることにより解答が得られるものでなければならない。問題は誰もが楽しく挑戦でき、しかも知的欲求をくすぐるクイズ的な出題であることが重要であり、さらに1ヶ月程度で問題を取り替えることも博物館利用者のリピートを求める不可欠な要素となる。

　博物館で見学者にとって倦怠感を生む最大の理由の一つは、博物館展示という広義の展示の中でも特殊な形態である、一方的な情報伝達による受身であることは前述したとおりである。この博物館展示の呪縛ともされて来た受動態からの解放により、博物館展示は初めて展示に参加する者を得て本来の展示に昇

ミュージアム・ワークシート
(旭川市博物館)

正解の展示場所を明示するしくみ
(富山市郷土博物館)

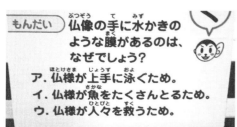

仏像の手から出題されたワークシート　(一宮市博物館)

華するのであって、教育目的を達成し得るのである。同時にこのことは、倦怠感からの解放でもあるのである。

　当然、倦怠感からの解放をもたらし、そのうえで学術情報の伝達を完遂するためには、自学自習の中での学習であるから楽しく知的欲求をくすぐり理解に結びつく問題でなければならないのである。

　わが国でのミュージアム・ワークシートが以上の目的を完遂できず低迷である最大の理由は、既に出来上がった展示からミュージアム・ワークシートを制作していることに尽きよう。つまり、既成の展示であるから問題の内容と数が限定されるのである。このことは裏を返せば、それらの既成の展示には学術情報の伝達である展示の意図がないか脆弱であることに起因するものと看取されよう。すなわち、学術資料であっても提示型展示に始終している現状では学術情報の伝達量が限定されているか、皆無といっても過言ではないのである。

　つまり提示型展示では、情報伝達が脆弱で或る故に、展示の中に回答がないために問題の内容と数は限定される。このため資料の形状や色彩等の外形のみに関する深みのない問題となり、"驚きと発見"に結びつくような見学者を魅了する問題は作成できないのである。この意味でも提示型展示は本来学術情報の伝達を目的としなければならない"展示"には至っていないのである。

　したがって、見学者を魅了するミュージアム・ワークシートを作成するには、展示を構想する際に先ず問題を考え、それらの問題の解答を展示の中に組み込むことが基本であると考える。さらには、たとえば１資料につき１〜２の問題数ではなく少なくとも50題以上の問題を必要とする。この目的は、ミュージアム・ワークシートの問題を約２週間毎に更新するところにあり、さらに２年間は同一問題を使用しないことが入館者への新鮮味となることを目的とするものである。わが国のミュージアム・ワークシートが機能していないさらなる原因は、問題が常態化している点である。即ち、何時行っても同じ問題なのである。"驚きと発見"は１度かぎりであって、かかる点からもリピート客は決して誘えないのである。少なくとも１ヶ月に１度の割合で問題を変更し続けることが必要なのである。再来者には新鮮味を継続させることが、リピート客の誘引の最大の原因となるのである。つまり、博物館に行く度に常設展示は同じであってもミュージアム・ワークシートの問題が異なる為に見学者は問題に

## ミュージアム・ワークシートとは

○ミュージアム・ワークシートの目的
 ・博物館展示の熟覧
 ・博物館展示の前を通り過ぎようとする見学者への注意の喚起
 ・受動態から能動態への変換　知的参加の一方法（マインズ・オン）
 ・資料から情報を発見する喜びや知的欲求充足に対する満足感
 ・展示資料の理解度合いの高揚
 ・博物館の有益性の理解

○ミュージアム・ワークシートの効用
 ・常設展示に新鮮味を引き起こす（2週間毎に問題を替えることで、新たな視点で博物館資料を見るようになる）。
 ・再来者（リピート客）の誘引
 ・複数人の場合、1人では見逃していた展示資料からの情報伝達に気付く（学校で利用の場合等）。
 ・展示の不備が確認できる（正解率の悪い問題は、展示の不具合を知らせる）。

○ミュージアム・ワークシートの制作方法
 ・難しい問題は不適当。クイズ形式。知的欲求をくすぐる問題。
 ・展示から問題を考えるのではなく、問題を考えて、その解答を明示することにより展示を構成する。
 ・展示主題の"内容とねらい"を、ワークシートの"設問の目的とねらい"に重ねる。
 ・提示型展示やワークシートを意識せずに構成された展示では、作問数に自ずと限界がある。
 ・多くの問題を作成するには、伝達情報の多量さを必要とするところから総合学域からの総合展示が必要である。
 ・内容・デザイン、共に優れたものが必要。見やすい・読みやすい・解りやすい・親しみやすいことが重要。
 ・図版や写真が奇麗であること。印刷が悪く、読みづらいワークシートは、学習意欲を減退させる。不誠実な感すら与えかねない。

○ミュージアム・ワークシートの正解者への対応
 ・絵葉書（大人用）や収蔵資料印刷カード（子ども用）等をさし上げる。絵葉書・収蔵資料印刷カードは、20種類は用意する。全種類収集した人には、「○○博物館特別研究員認定書」「○○博物館歴史（昆虫・化石・考古学等）博士」を授与する。

リードされて、新たな視点で博物館展示を熟覧できることとなるのである。

　1資料に対して50題以上の問題を作成するには、資料の性格や資料自体が内蔵する情報量にも拠るであろうが一学域からは当然不可能であろうから、前章で記した如く総合学域からの研究により把握し得た研究成果から出題し、その解答である展示は当然の如く説示型の総合展示となる。これらの回答を展示に組み込むことが、結果として優秀な説示型展示の完成である。

　ミュージアム・ワークシートがうまく機能すれば、本来展示に対する倦怠感である博物館疲労すら見学者は意識することなく博物館展示に没頭できるのである。優秀なミュージアム・ワークシートにより、見学者を魅了することが出来れば博物館は大きく変われるものと確信している。勿論この根底には、資料のたゆまない調査研究がなければ、問題と回答は現れてこないことは確認するまでもないのである。

　さらにまた、ミュージアム・ワークシートの全問正解者には記念品をさし上げるようにすれば、その効用はさらに増進するものと想定される。大人には絵葉書等を、子供には展示資料から取材したいわゆるカードを作成をする。その種類は、収集の対象となることを目的に30種程度の一連で、そこにはストーリーの介在が必要である。

　これにより、絵葉書・カードの収集目的からも博物館への関心が高まり、結果としてリピート集客の誘いになるものと予想されるのである。同時にまた、お持ち帰りとなる絵葉書・カードによる情報伝達も十分期待されるのである。

**博物館検定**　ミュージアム・ワークシートをさらに延長させて、「○○博物館博物館検定」を実施することも必要である。所謂「検定」と称する専門知識の認定は、知的社会の表象とも理解できる社会的現象であると看取される。このことからも、博物館は博物館ファンの拡張を目的に、それぞれの専門領域において企画すべき博物館事業であると考えられる

　また博物館検定の実施は、博物館を「知の殿堂」としての実現と啓蒙とを具現化する一方法であると考えられるのである。

## 資料に適合したケースの必要性―料理は器できまる―

　展示室を造ることは、壁面に作り付けの壁ケース（ウォールケース）を設え、

中央の空間部にはのぞきケース（ローケース）を設置することであると、未だに広く信じられているのが現状であろう。

　第2章で記したように、明治22年（1889）に開催された第4回パリ万国博覧会の人類学部の展示を見た坪井正五郎は、展示の意図・資料の分類・展示資料の配列等々の不具合を指摘するなかで展示ケースについても次の如く記している[32]。

　　當局者は斯道の學者なり必此陳列法を以て充分なものとは信じて居られぬならん、信じて居られる筈が無し、熟ら不都合なる陳列の現はれた原因を考ふるに全く室の都合、棚の都合、箱の都合右左相對前後照應抔と云ふ所に在る様なり、物品は本なり、入れ物は末なり、入れ物の形状大小の爲めに物品陳列の法を曲げたるとは吳々も、残念なる次第ならずや（傍線、筆者）

　坪井が指摘していることは、展示室においてはあくまで展示資料が主であり、ケースは二の次であることを断言しているのである。

　つまり、展示における資料とケースの関係は、前述の壁ケースとのぞきケースのどちらかに資料を入れればよいのではなく、資料に適したケースを作製しなければならないのである。

　そもそも展示にケースを使用する目的は、資料の保護と資料の装いの創出の2点であろう。上記した資料にあったケースとは、法量や形状に対する整合性を有することと、さらには資料を引き立たせる形状及び色調を有することが重要なのである。

　たとえば、大きな展示空間を有するウォールケースに掛け軸や屏風といった背丈のある大型資料ではなく、巻子本や陶磁器等の小さな資料をウォールケースの床部のみにちまちまと展示し、その上部は無意味な大きな無空間が残っていたり、センターケース（四方ケース）に四周から見る必要のない平面的資料を展示しているといった不具合な事例は、全国的に認められるところである。

　展示の類例として、博物館展示に近似する展示として日本料理があげられることは別稿[19]や第1章で記した通りであるが、種々の料理のなかの刺身を見た場合、博物館展示における展示資料である刺身の魚種や季節などを勘案して、ケースに相当する皿を選ぶのが常である。本行為の目的は、あくまで刺身

を引き立たせること以外にないのである。

かかる観点で、料理と同様に展示ケースは展示物に整合する形を選び製作せねばならないのである。この点は、可動する展示ケースの採用にも同調するものであり、延いては別項の可変性の在る展示室の構築にも繋がることである。

**ケース内展示と露出展示とガラスバリア展示**　資料をケース内に配列するケース内展示は、博物館展示で最も一般的な展示の形態であると言えよう。資料の保存性と保管性の高さと、場合によっては資料自体を引き立たせる働きがあることは別項で記したとおりである。しかし、その一方で頑丈で厳めしいケースで構成される展示室は、見学者にとってそれだけで硬渋感と圧迫感を発生させるものである。さらに、見学者の目を射る内照式ケースの照明が、どれだけ見学者の眼精疲労を招いているかを展示者は認識しなければならないのである。

この不具合を合わせ持つケース内展示と比較して、開放感を有するのが露出展示である。露出展示は、ケースが皆無であるところから展示資料に対して近接距離の確保とある程度自由な視点の選択が可能であることを特徴とする。さらにガラスを透しての見にくさや、照明の反射と映りこみ等から解放されることにより、見学者は自然で魅力的な視界が確保されるのである。

しかし、防塵や盗難は基より温湿度の調整等々の資料保存に関しては全くの備えがない展示であることもけっして忘れてはならないのである。したがって、露出展示が可能な資料は塵芥の清掃に対し一定の強度を有し、さらには温湿度の変化による劣化に対して鈍感で、盗難等の観点からは大型資料であることが条件となる。

露出展示（京都大学総合博物館）

ガラスバリアによる展示
（国立歴史民俗博物館）

次いで、一般に称するガラスバリア展示とは、露出展示とケース展示の中間に位置する展示とも思えるが、むしろ、露出展示の延長上の展示として捉えられよう。ガラスバリアとは、露出展示に供した大型資料と見学者の間に設置したガラス製の衝立で、物理的に心理柵より優れた資料の保護が可能となる設備であるが、天板（天井部分）を伴わないことを共通特性とするところから故意による資料の損壊や盗難等の危険性も露出展示と略同様に持ち合わせている。さらなる不都合はこれも露出展示と同様にケース内展示のような密閉空間でないことから、温湿度の調整は基より塵芥からの保護も不可能なのである。
　しかし、ケース内展示と比較してより資料に近づくことが出来るところから見学者にとってははるかに展示ケースよりも親近性と開放感が高く、この点がケース内展示とは大きく異なるのである。
　これら3種のケースの有無に関する基本的展示手法を、資料の特性に合わせた上で選択しなければならない。展示室内での圧迫感の解消とワンパターンからの脱出を目的に、3種の基本的展示手法を組み合わせることにより、壁ケースとのぞきケースのみから構成された展示室の硬渋感を払拭させ、利用者にとって開放感のある展示室にしなければならないのである。

## 展示は演示具できまる

　先ず、「演示具」なる用語の使用については疑問がある。つまり、展示のための道具類であるのだから「展示具」と呼ぶのが順当ではないかといった迷いである。しかし、理由は不明であるが一般に「演示具」と呼ぶ慣習に従い、ここでは演示具と呼称することとする。
　演示具は、展示状態時の資料の固定とこれに伴う資料にかかるストレスの軽減を第一義とするが、次いでは視覚を基本とする展示の上では上述のケースと同様に展示資料が持つイメージの演出と、見学者の注意の喚起を目的とする展示に際しての必要用具であると言えよう。
　前述の料理にたとえて、ケースが料理を盛る皿であるとするならば、演示具は刺身の土台となる大根のつまであり、青紫蘇・蓼・防風・菊花と言った装飾材の基本に相当するものと考えられるのである。
　この資料と展示に関しては、わが国の伝統的な演示具として、床の間等で壺

斬新な演示具（天理大学附属天理参考館）　和書の演示具（伊那市立高遠町歴史博物館）

や香炉等を飾るに際して用いられる飾り台や皿立てはもとより、刀剣用の刀掛け・太刀台等があげられるのである。

したがって、博物館展示においても、歴史・民俗資料等で作法としての演示具とその技法が決定しているものに関しては、これを踏襲しなければならないことは確認するまでもない。この場合の当該資料と演示具の組み合わせ自体が、博物館が伝えねばならない日本文化の一つなのである。

以上のような伝統的演示具を伴わない資料に関しては、前述の如くの演示具使用の目的である展示状態時の資料の固定と、展示資料が持つイメージの演出による見学者の注意の喚起の２点に重きを置くことが肝要である。

ただ、この場合の注意の喚起に関しては前衛芸術的な奇をてらった形や色彩を選択するべきではないことは確認するまでもない。

筆者が、今までで最も感心したのは、天理大学附属天理参考館の演示具の使用である。実に資料の固定の面でも効率よく製作され、品位も良いのである。韓国の博物館は、全体的に天理参考館タイプで演示具の使用において卓越している印象が強く感じられる。

一方で、保存を念頭に置いた紙資料の固定では、優秀な固定具類の使用として印象的なのは香川県立ミュージアムである。

**鏡の応用**　鏡の展示に関しては、見世物として文政４年（1821）11月に名古屋市内の清寿院の境内での逆見國之鏡・小人國之鏡・大人國之鏡・長命國之鏡・おらんだの洗鏡・南京國之鏡・平面国之鏡からなる７種の鏡を用いた「七面鏡な、おもてのかがみ」と称する摩訶不思議な鏡を見世物と成りえたことは

展示は演示具できまる

七面鏡の見世物（名古屋市博物館蔵）

『猿猴庵の本』[33]から窺い知れる。

　一方、鏡現象を主題にした論文は、大正15年（1926）の山田幸五郎[34]が嚆矢と看取される。当該論文中には、ハーフミラーの応用に依る今日のマジックビジョンの原理も紹介されていることは印象的である。

　博物館展示における鏡使用の目的と効果は、大きく次の3種に区分されよう。

①演示具として

②鏡の映りこみ現象による視覚上の奥行きや拡がりを目的として

③種々の摩訶不思議な鏡特性の展示として

　先ず、演示具としての鏡の利用は、展示資料の背面や底部といった一方向からの視認不可能な場所を可能とする目的で設置するもので、最も一般的な使用法である。

　先ず①の博物館展示における鏡の使用については、明治23年（1890）に坪井正五郎が「物品陳列上に鏡の応用」[35]として記したのが最初で、その使用法についても「私の新案」と明記しているところからもわが国での嚆矢であろ

155

う。当該使用法に関して坪井は次の如く記している。

　物品陳列上に鏡の應用

　　ルーブル博物舘賓物の部には陳列段の縦の板即ち陳列品の後に當る面には鏡が用ゐてござります、之は恐く陳列段を美しく見せ品数が多くて賑かな様に見せる爲に仕た事でござりますが品物の後側迄が見ゑる故精く見る者に取りては其點に於て益の有る仕方でござります、賓物に限らず他の物品の陳列所でも物に因りて此法を用ゐる様に仕度もの、又表裏両面を同時に示す必要の有る物はガラス板の棚に並べ此棚を三四寸程の高さにして下に鏡を平らに置いたらば至極宜からうと思ひます、此鏡棚は私の新案で未だ何所でも見た事がござりません、諸君御試みを願ひます。

先ず、鏡に映る映像の利用は、何の変哲もなく当然のことと思われようが、ここで坪井が言う鏡とはガラス鏡のことである。

明治政府の工部省による品川硝子製造工場が設置されたのは明治9年（1876）である。わが国での板ガラスの生産に伴い銅鏡に変わりガラス鏡が初めて生産され始めた初期の段階であるから、まだまだ一般的でなかった資料の展示に鏡の利用を考えたことは、展示意識の強い坪井ならではの思考であったと見做せるのである。

展示資料の背面の可視化は、四方ケースを用いれば当然可能であるが、資料の底部（面）や見学者の目の高さを凌駕する大型資料の頂部等に対しては、鏡を見学者に対し45度の角度に設定することで死角の可視化を企てた、簡単ではあるが一つの展示装置であると言えよう。

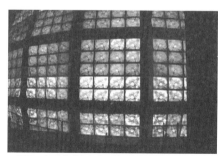

鏡による無限の広がりを演出した展示
（ロンドン科学博物館）

鏡による広がりを求めた展示
（香川県立ミュージアム）

さらに、延長上の鏡利用の展示装置としては、ハーフミラーを利用したマジックビジョンがあげられる。
　②の鏡の映りこみ現象による視覚上の拡がりについては、その特性より無限的拡がりを感ずることは周知の通りであり、狭小な展示面積に拡がりを持たせる大きな展示効果が得られる点から、この場合も一つの展示装置であると言えよう。スーパーマーケット等をはじめとする商業展示においても多見される通りである。また、商品陳列であっても博物館展示であってもケースの奥や両端は一般的に暗くなるのに対し、鏡の光反射の特性より全体が明るくなる点が更なる特質であろう。
　印象に残る鏡利用は、ロンドン科学博物館の象徴展示でもある映像に鏡を加えた地球の展示で、宇宙の無限的拡がりを伝える展示となっている。
　③の種々の摩訶不思議な鏡特性の展示は、平面鏡のみならず凹面鏡・凸面鏡等々の鏡そのものの特性を展示するもので、科学館等で多見される鏡展示で、一般に参加型展示となっている。
　以上のように、鏡特性を展示に取り込むことにより鏡が有する摩訶不思議現象とこれより発生する注意の喚起が、比較的簡単に創出できる展示技法なのである。
　また、厳密には鏡とは異なるが、摩訶不思議現象による注意の喚起に基づく人寄せ効果を有するものとして、レンチキュラー（Lenticular）があげられる。レンチキュラーとは、緑と赤の2枚の画像が交互に印刷されたシート状のレンチキュラーレンズの応用で、見る角度により片方の画像のみが見え、視点を変えるともう一方の画に変化するといった2枚の画像情報を動きとともに有した摩訶不思議な印刷物である。通常の画像パネルと同様に使用し、変遷の明示等のステージの異なる展示に適している。

## 美術館・博物館での「展示図録」の貸し出し　図書の展示

　テレビ番組の「美の巨人たち」は、長寿番組となっているところからも理解できるように、美術・工芸資料の鑑賞と言う名の見学にあたっては作品誕生の背景・製作者の人物像・科学分析等々による絵具の種類や、作家の技法等々の仔細な情報を見学者が欲していることは明確なのである。

また、このような情報が求められる社会情勢であることを把握し、博物館も要求される学術情報を積極的に提供しなければならない。

　学校教育での授業科目である「美術」は、教科書を媒体とした学術情報を優先する教育方法であるところから、提示型展示の自己による資料の鑑賞のみでは情報の伝達は不十分であるところからの必然的要求なのであろう。美術館に限らず提示型展示を実施している博物館においても、せめて展示図録を見学者に貸し出すなどの便宜があって良いのではないだろうか。

　次に、説示型展示を行っていない博物館では、展示図録を含めた展示資料に関連した図書を展示に組み込むことも重要かと思われる。この場合は、博物館の図書室ではなく展示資料との一体化でなければならない。学術の展示には図書も展示品であることを忘れてはならない。また、この場合は大きな参加型展示となることは確認するまでもない。

　わが国最初の学術の展示であった、明治37年（1904）に開催された東京帝國大學での「人類學標本展覽會」では、図書の展示が成されていたことが下記の文面から理解できよう[36]。

　　此の如く第一室の三面の壁には人類學大意を誰にでも解かる様に書き示し書き現はしましたが、尚ほ示し度いのは諸國に於ての人類學研究の狀況で有ります。そこで室の中央に　机を置き白布を掛け此所に諸國の人類學雜誌を並べて目的の一端を達する事と致しました。

　わが国最初の、見世物とは異なる学術の展示において図書が展示されたことは印象的であるが、明治32年（1899）に開催された第4回パリ博覧会の人類学部の展示にやはり学術図書が展示されていたことは、坪井による「パリー通信」[37]に記されている。

**「展示品図録」ではなく「展示図録」の必要性**　博物館で作成されている図録は、「展示図録」と一般に呼称されてはいるものの博物館展示の技法や展示の意図に関する情報の伝達を目的とするのではなく、その内容は展示資料自体の解説を目的とした厳密な意味では「展示品図録」である。勿論、博物館の多くの展示は意図なき展示であるところの提示型展示であるのだから、当該展示資料のみを解説した「展示品図録」であることは当然と言えば当然なのである。

　しかし、展示資料自体の解説のための情報伝達も勿論必要ではあるが、たと

えば考古資料であれば当該資料で縄文時代の生活・精神文化を推定し、考察できるといった資料が有する情報を、展示では難しく履行できなかったのであるから、せめて学術情報を文字媒体で伝えることが展示図録の意義であると考える。そうした場合、はじめて考古資料から考古学資料としての博物館学資料へと資料は、昇華するものと考えられよう。

したがって、本質的に「展示図録」の作成は、説示型展示が実行し得なかった場合の資料の学術資料化への、一つの手段としての意味を持つものと考えねばならない。このことは、個々の資料が学術資料としての博物館資料となることを同時に意味していると考えられる。

したがって、上述した如く展示品のみの解説だけではなく、各学術分野での体系の中への比定と比較といった内容を有した「展示図録」の作成は、説示型展示構成への第１歩となろう。展示図録は、見学者に対し一般に展示見学後のみやげ物と博物館側は設定し、見学者側も同様な観点で捉えているように思われる。しかしそうではなく見学に際しては、展示図録を見学者が手に持って資料と同時に見ること、すなわち展示図録を提示型展示に組み込むことによって、前述の如くの説示型展示に変貌出来るようにしなければならないのである。

見学者が見学時に、展示資料と展示図録を合わせ見ることを意図した展示図録として、昭和７年（1932）の『満州資源館要覽』[38]があげられる。凡例には、下記の如く記されている。

　一、本書は本館陳列品の解説を目的として編纂した。
　一、記述の順序は参観の便宜を考慮し陳列室並に陳列品の排列に従ってなした。
　一、本書は従来刊行の三六版「要覽」を改訂増補したものである。
　　　　昭和十一年八月　　　　　　　　　　　　　　　　　満州資源館

なお、展示図録の解説内容とその表現について村田文夫は、次の通り記している[39]。

　　私のような勉強不足の者が理解するには手厳しい展示であって、もっと勉強してから来なさい、と諭されたようなものであった。（中略）
　　展示図録の解説は可能なかぎり諸説に目配りした客観性と、専門用語を

咀嚼した平易な記述が原則であろう。非凡な史実を見い出し、平凡に語る姿勢こそが理想である。

村田は、平成20年（2008）に神奈川県立歴史博物館で開催された特別展「瓦が語る―神奈川の古代寺院」の展示図録の文中の難解な専門用語による「畿内との関連を直接示すものに、御浦群の宗元寺創設段階の素縁素弁四葉忍冬交飾蓮華文軒丸瓦をあげることができる。」等の表現を実例に上げて改善を促したのであった。神奈川県を、日本考古学界を代表する考古学研究者である村田が、述べたところに大きな意味がある。村田が唱えるように、図録解説をはじめとする構成は、専門知識を持ち合わせていない見学者が理解できるものでなければならない。展示（解説）図録作成の目的は、あくまで専門知識を持ち合わせていない見学者のためのものであることを忘れてはならないのである。

## 休憩所の必要性と休憩所での展示

博物館見学での、立ち歩きにより発生する肉体疲労と熟覧による精神的疲労、さらには面白味のない展示から発生する倦怠感等々の相乗効果によるいわゆる博物館疲労の回復のためには、休憩所を必要とすることは確認するまでもない。休憩所は、展示面積の広さに左右されようが、複数の展示室を有する博物館は複数の休憩所を必要とする。

休憩所の形態は大きく分けて展示室内の一角に椅子を配置した簡単なものから、休憩室として独立した空間を確保した2形態が存在している。展示室内での休憩所は、休憩所と称するものではなく、ごく簡単に椅子を配した休憩設備を各所に設定することが好ましい。

一方、休憩所・休憩室には下記の2点の必要要件が求められよう。
①天井が低い無窓の部屋ではなく、野外が望めるゆったりとした空間であること。
②借景となり得る当該地域の特徴的な山河、城郭等が望めること。

つまり、休憩所・休憩室での展示

**展示とした借景**（足立美術館）

休憩所からの借景・岩手山
（岩手県立博物館）

休憩所からの借景・姫路城
（兵庫県立歴史博物館）

は、展示と見学者との関係の基本である伝達情報の受信から開放されることを目的とする、一見矛盾するような展示をここでは意図するものである。したがって、博物館疲労の回復を目的とする展示が必要であるところから提示型展示を基本とし、展示資料も癒しを齎す美的な資料を必要とする。博物館内における一つの象徴展示であるから、当該博物館の収蔵資料の内容と整合性の在る資料が好ましい。提示型展示資料の解説パネルは、この場合椅子に座って読むことが可能な位置への設置と大きな活字を必要とする。また、休憩者は展示室内の立ち歩きとは異なり概ね座っているところから、展示室とは異なり縦書きパネルであることが読みやすく同時に読む者の心を落ち着かせることとなる。このような空間での展示は、エントランス等の象徴展示とは異なり、休憩と言った特殊な状態での見学であるから展示の印象性は必然的に高まり、其の展示効果は極めて大きいと看取されるのである。ただ、休憩室はあくまで展示室ではないところから資料の保存環境を斟酌した上で、当該博物館を代表し前述の要件を満たす資料の展示が望まれる。

　また、休憩空間にミスマッチとも思えるような資料も意外性で受け入れられる可能性もある。

**トイレでの展示**　わが国の博物館は勿論、公共のトイレは清潔に保たれ快適さが維持されていることが一般的となっている。

　このような現状の空間では、人に落ち着きと安堵感を満たす意味から展示効果の高い、展示場所としてトイレの利用を考えなければならない。

　具体的には、博物館展示室での見学者の移動姿勢は、立ち歩きにより移動し

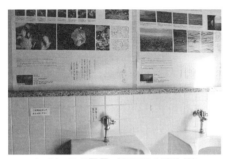

トイレでの展示（利尻町立博物館）

ているのに対し、ここでは必然的に静止状態で展示と対面するのである。僅かな時間ではあるが落ち着いた状態で展示に直面することとなり、その情報の伝達内容は高まることは必定である。

また、正に奇をてらったトイレでの展示ということで、その記憶は鮮烈であることも予想される。この意味では人間界で最も優れた展示場所の一つであると言えよう。換言すれば、新たな知の入り口とも表現できよう。

## パネルの種類と情報の持ち帰り

　展示用パネルは、情報伝達の基本となる展示用具で文字パネルとグラフィックパネルに2分され、これらの基本は従来よりの木軸パネル・ハネパネルであることは周知の通りである。

　パネルの種類とその延長上の同種の情報伝達用具としては、カラーコールトン（内照式パネル・アンドン）・トライビジョン・スライドビジョン・冊子式（ホルダー式）解説・持ち帰り解説シート等が一般的である。

　カラーコールトン（内照式パネル）は、通称アンドンと称されてその歴史は古く夜間の旅籠の看板に使用されたところからも明確であるように[40]、伝達情報は同じであっても内部に発光体を有するところからの注意の喚起を、本能的に見る者におこさせることを特徴とする装置である。

　トライビジョン・スライドビジョンの特徴の一つは、伝達情報の増量である。仮に、1枚のパネルが持つ情報を1とした場合、トライビジョンでは3枚のパネルを持つのと同様であるから少なくともその伝達情報量は3倍となる。スライドビジョンでは、当然幕面の数に連動することとなるが情報量は圧倒的に増加する。次いでの特長は、両者とも動きを伴う動態展示なのである。科学館を除く博物館展示は、一般的に静止展示であり、この静止状態が展示室の時間が止まっている感すら見学者に与える。これも見学者を長く展示室に滞

ケースに設えたパネル（敦賀市立博物館）

参加型のパネル（松本市山と自然博物館）

ジャンボブック形式の展示
（神奈川県立生命の星・地球博物館）

奇をてらった文字パネル
（滋賀県立琵琶湖博物館）

留させない抜本的要因の一つになっているので、僅かな動きでも必要とする博物館展示室にあってはこの意味で必要な展示装置である。

　冊子式（ホルダー式）解説は、見学者自身の意思による選択と参加を可能にするためにパネルを、冊子式形体に改変したものである。つまり、文字パネルは文字による情報の伝達を目的とするものであって、情報伝達手段としての展示とは異なることは、当初確認したとおりである。原則的には文字や言語による情報伝達は、展示ではないことも記した通りであるが、文字や言語による情報伝達は容易であるが故に、展示室から文字を排除することはたやすくないこともまた事実である。結果として、美術館等を除くほとんどの博物館では文字パネルが展示室に横溢し、一般的には見学者の熟覧意欲を殺いでいることも現状であろう。そこで展示室から文字パネルを排除すると同時に、文字による情報を必要とする見学者には自ら冊子式の、パネルに比較してより詳細な情報の伝達が可能である解説シートを設置したものである。

展示解説シート（福井市立郷土歴史博物館）

持ち帰り解説シートは、上記の冊子式解説シートを見学者が必要に応じて持ち帰れるようにしたものである。この方法は、見学者心理に満足感を齎す方法であると評価できる。ミュージアム・ワークシートの解説との連携をはかれば、さらなる情報伝達効果とリピート客の誘引に直結するものと考えられる。シートの種類が増加すれば、ワークシートと合わせて製本すれば有料頒布であってもその需要はあると予想される。

**構造展示・集合展示における題簽の不都合**　博物館展示での文字媒体による情報の伝達は、上述したような持ち帰り型解説パネル等の採用により、原則的には文字による情報の伝達は変化していないのであるが、展示の中に固定されたパネルと比較した場合、はるかに文字の存在感は軽減するものと思われる。

　そうした場合であっても、最後まで残るのが題簽であり、これに伴う文字なのである。一資料を展示の単位とする提示型展示では、題簽の存在が当然であり違和感は発生しないのだが、構造展示や集合展示等の複数の資料が混在した場合の題簽は、その数の増加により見る者に大きく違和感を与える結果となる。

　そもそも題簽とは、展示資料の傍に添えられる展示資料の基礎情報を文字により記したもので、英語でラベル・ネームと称される。以上の意味から一般に称するキャプションは誤用である。記載される内容は考古学資料であれば、①

大胆な題簽

木製の題簽（岡山県備前陶芸美術館）

資料名、②出土地、③遺跡名、④時代、⑤収蔵者（機関名）等である。美術資料であれば、①作者名、②作品題名、③制作年代、④所蔵者（機関）名等で、場合によっては員数・法量等々が加えられる。博物館の題簽は、美術館と比較した場合大きく名刺大を一般的には凌駕する。通常は、紙片が用いられるが種々の材質

題簽・パネルが目立つ展示

が存在し、資料の特質や展示室の構成環境に合わせて選択するべきものである。

　しかし本稿で述べるところの、資料と資料の組み合わせによる相互関係より発生する臨場感を意図した構造展示では、多数の題簽の介在により、発生した臨場感を大きく損なうこととなる。集合展示の場合でも同様の感は否めないであろう。つまり、具体的にはジオラマの場合を例にとれば、ジオラマは一次資料・二次資料による複数の資料の集合により構成されているが、ジオラマ内の個々の資料ごとに題簽を附置することは通常は行わないのは周知の通りである。この理由は、ジオラマの遠近感・材質感から発生する臨場感を根本的に損なうことのないように配慮したものである。

　この場合の解決方法としては、個々の資料に題簽を付けるのではなく題簽を一箇所に集めることにより違和感を取り除くことが、臨場感の創出と持続には必要なのである。

　具体的には、構造展示の資料と資料配置の全体像を図化したうえで同時に題簽と同様な基本情報を明記したプレート・パネルを見学者の手前に配置するなどにより、展示の中への題簽は廃することが出来よう。

**外国語併記の必要性**　博物館内での施設案内や展示室での題簽（ラベル）・ミュージアムワークシート・解説シート等の言語表示は、外国語の併記が求められる。その理由としては、外国人への情報伝達と日本人の外国語教育の２点があげられよう。

　先ず第一点の外国人への情報伝達は、日本人であろうが外国人であろうが国籍を問わず博物館来館者を博物館教育の対象としなければならないことは確認

**外国語の施設案内**
（平取町立二風谷アイヌ文化博物館）

するまでもない。国際化が進み、外国人旅行者が増加の一途をたどっている現状においては、旅行者に日本文化・日本歴史をはじめとする日本や日本人を幅広く知悉してもらう為にも、外国語の併記が必要なのである。

この点に関して、昭和62年（1987）に梅棹忠夫は次の如く述べている[41]。

　わたしが館内での外国語の説明・表示に否定的な判断をくだしたのは、ひとつには諸外国での見聞・経験によるものである。わたしは世界各国を、自国語以外の言語でしるしているのは、すべて旧植民地の博物館でずいぶんたくさんの博物館をみているが、館内の展示の説明や表示はかぎられている。元イギリス領、あるいは元フランス領であったところでは、英語またはフランス語が併記されているのがふつうである。日本はいまだかつて、どこかの国の植民地になったことはない。その点ではほこり高き独立国である。そこの、しかも国立の博物館で、旧宗主国でもない英語国の言語を、なぜ併記しなければならないのか、理解にくるしむ。

　これはあきらかに、戦後一時期の連合軍による日本占領時代の後遺症であろう。戦後しばらくのあいだは、たとえばグラフ週刊誌なども写真の説明にまで、すべて英文が併記されていた。

　梅棹が、博物館での英語国の言語、すなわち英語標記を全面的に否定したことは極めて印象的であった。しかし、博物館での外国語併記は、多ければ多い方が好ましいことは言うまでもないが、紙幅に限りがあるのは現実である。中でも展示資料に付帯する題簽に至っては極めて小さく、限定しなければならないのである。このような場合には、一般に世界の共通語とされている英語と利用者の多い国籍に照らし合わせて中国・韓国の3ヶ国語の併記が必要である。筆者も今まで、諸外国の博物館を訪問して、日本語の解説書やリーフレットが設置されているだけで安心感と親しみとを覚え、好印象が記憶に残っている。

なお、博物館の場所や博物館の種類によっても観光客の国籍も異なるであろうから、国籍に呼応してフランス語・台湾語等々の選出も必要である。
　また解説シートは、上記の理由による制約は原則的に受けないから日本語・英語・仏語・独語・イタリア語・スペイン語・中国語・韓国語・台湾語による資料があることが望ましい。
　第2の日本人の外国語教育に関しては、極めて初歩的ではあるが最も眼にする題簽に、資料と日本語名と英語名・中国名等が列記されることによる理解の容易さから、進捗するものと予想される。さらに希望する人は、リーフレットや解説シートを読むことにより語学力の訓練にはなるものと予想される。
　以上の2点から、外国人への情報の伝達と日本人への外国語に対する喚起としての目的で外国語併記の必要性は、外国人があまり来ることのない地域の博物館であっても必要と考えられる。

**漫画による注意の喚起**　漫画は、平成12年（2000）文部科学省が教育白書において芸術の一分野として位置づけるなど、芸術・文化の対象となっている。サブカルチャーの枠を離脱し、情報伝達を担う1メディアとしての市民権を得たものと看取されるのである。漫画は、広義の絵の中でも見る者に十分なる情報伝達力と魅力と注意の喚起力を潜在的に有したメディアであると言えよう。
　つまり、抜本的に漫画は展示要素の強いメディアあるから、文字に拠る情報伝達とは異なり、この意味で博物館展示と基本的に共通しているのである。
　したがって、展示の基本構成に魅力ある漫画を取り入れることは、アイキャ

漫画による注意の喚起
（長野県歴史博物館）

漫画による注意の喚起
（山梨県立博物館）

ッチャーとしての注意の喚起と情報伝達が容易になるものと考えられるのである。先ずは、展示の前を通り過ぎようとする見学者の足を止める為の注意の喚起としての目的であり、次いでは容易に楽しみながら視覚から情報を見る者に伝えることが可能なのである。

具体的な展示の構成は、展示の主体となる実物資料と、これに伴う模型や比較資料等・題簽・漫画に拠る注意喚起パネルで、見学者の注意を喚起し学術情報の伝達可能な展示が構成できよう。加えて詳細情報は、解説シートや情報端末による伝達で可能であろう。また、さらなる伝達情報での注意の喚起は、ミュージアム・ワークシートを併用すればより好ましい形態となろう。

## 写真撮影—スポットポイントの必要性—

わが国の博物館展示室内での写真撮影を禁止している博物館は、まだまだ多く存在しているのが現状である。

写真撮影禁止の明確な理由は不鮮明であるが、どうも最大の理由は所蔵権のようである。しかし、たとえ借用・寄託資料であっても博物館内で公開している限りは、借り受けの際に博物館側が所蔵者に了解を得たうえで、展示を行い自由な写真撮影を見学者に許可すべきである。これが当該博物館所蔵資料の場合にあっては、理由のない全く理解できない禁止事項なのである。この禁止事項は、博物館が邁進せねばならない利用者への精神的満足度をも阻むものであり、延いては来館者の自学自習による教育機関であることを明確に否定するものともなるであろう。

ここで言う、写真撮影とはあくまでも通常の撮影であり、資料保存の観点と他の見学者の迷惑となるストロボ・フラッシュ等による発光体を用いた撮影や三脚の使用は、当然規制しなければならないことは確認するまでもない。

つまり、わが国の博物館利用者が、博物館に魅力を見出せない最大の理由は諸所の面で直面

写真撮影スポット（神奈川県立生命の星・地球博物館）

する不満に尽きるもので有り、写真撮影の禁止も大きな要素であることを博物館経営者は把握せねばならないのである。

　日本人は、周辺を見渡しても確かに写真が好きである。と言っても外国人に見られるような紙焼きにした写真を壁に貼り大事にすると言ったものではなく、写真を撮ったり取られたりする行為が好きな民族であると看取されよう。シャッターを押すこととカメラの前で手でピースすることに意義と満足を得る習性があるようである。その証拠に撮影後の写真をその後幾度となく見ることはあまりないように思われる。撮影後の写真を見る見ないは兎も角として、シャッターを押すことによって自らの原風景を作ろうとする思考がある限り、シャッターを押せない博物館は自ずと潜在的に不満足であり、つまらぬ場であると評価付けられる結果となるのである。これだけカメラが普及した社会であるが故に、不満度もより一層倍増されるのである。

　さらに、写真撮影を許可するだけでは博物館経営としては不十分で、利用者が積極的に記念撮影を行える場の設営が必要なのである。つまり、展示場の各所に記念撮影向きの展示を組み入れることが必要なのである。

　たとえば、どこかの観光地へ行った際にも、ただ漠然と雑木林の前や道路端で写真は撮らない。誰しもが当該地域を象徴する山や瀧、天守や鳥居や石碑等の背景となるアングルを選定するのと同様に、写真撮影の背景を目的とした展示も積極的に企図しなければならないのである。

　博物館内での展示あるいは展示品との記念撮影は、大きな参加型展示であり、博物館で多発する不満の解消の一方法となるものでもある[42]。

## 不必要な集団展示

　比較を目的とする展示であれば、複数資料の展示は当然のことであるが、ここで言う不必要な集団展示とは同種の資料を目的なく、集団で羅列する展示を指している。一般に、法量が小型であって見栄えのしない資料に多くみとめられる傾向がある。資料が小型である故に、また見栄えのない資料である故に数で補おうとするようであるが、全く意味は持たないと言っても過言ではなかろう。比較目的や表裏を見せる等の意図のない限り学術情報の伝達には、基本的には一点で十分なのである。

第4章　集客力を高める博物館展示の具体

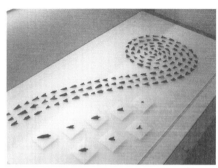

**集団展示の例**

　かかる展示が横行するのは、説示型展示ではなく提示型展示であるが故に空き空間の埋め草として、あるいは展示すべき資料の欠乏を補完する意図によるものと看取される。

　ただ、基より集団で遺存していた資料に関しては当然この限りではない。たとえば、中世備蓄銭等の展示の場合、銭種別に1枚1枚明示すると同時に、その何万枚かもしれぬ出土銭をすべて山積みに展示することにより見学者に"驚き"を与えることとなるだろうし、この場合団体で遺存していたことが歴史的事実であるから当然の展示である。

　また、杉山正司は特別展「雑兵物語の世界」を実施するにあたり、「個」から「群」への展示として、集団展示を実施した[43]。この展示の場合には、展示ストーリーに基づく個々の情報を伝達する説示型展示を規制動線により構成したうえで、中央部を自由動線とすることで見学者の情報の受動による博物館疲労の抑制を考慮したと思われる展示空間を構成した。この自由動線部分に、杉山の言う「群」の展示である足軽胴と陣笠を4段の大型ピラミッド台で集団展示したものであった。しかし、この場合の集団は同一物の集団展示ではなく、比較展示の集団であるところに見学者への注意の喚起と見るものを圧倒する展示であったと評価できよう。

　つまり、集団展示の場合は、同一資料では無意味であることは述べたとおりであり、比較できる資料による比較展示であることが必要なのである。

## 入館記念スタンプの必要と要件

　博物館利用の記念として入館記念スタンプがあることは周知の通りである。このスタンプは、入館者各人が任意で自らが押印する形態であるところから参加型展示の一つに位置づけられよう。多くの場合、リーフレットの裏面等にスタンプの押印場所となる余白が設けられている場合が多く、この場所を利用するようになっている。通常は、大型スタンプ一個であり、それを長期的に供しているのが一般的であろうが、どれだけの展示効果を果たしているかは甚だ疑問である。この記念スタンプに望まれることは、見学者が積極的に取り組める形式にすることが先ず重要である。この点は教育効果の増進に直截に反映するものと予想されるのである。見学者が積極的に取り組める具体的な方法としては、下記の方策が考えられよう。

　①大型スタンプ一個ではなく小型の優秀なスタンプを複数用意する。
　②展示資料から取材したスタンプで、ストーリーを持たせる。
　③これに伴う台紙を用意する。

　①に関しては、原則としてあくまで展示資料から取材したスタンプをできれば12個用意して、1ヶ月ごとで取り替えることにより博物館への誘いの施策の一つとする。一年を単位として12個そろえばゴールとし、記念品を贈呈できればさらに活発化が期待できよう。

　②では、展示資料から取材したシリーズとしてのスタンプ製作が必要で、考古学を専門領域とする博物館であれば縄文時代シリーズ・弥生時代シリーズ・

ストーリーのあるスタンプ
（山梨県立考古博物館）

ストーリーのあるスタンプ
（京都市考古資料館）

古墳時代シリーズ・歴史時代シリーズであったり、歴史学であれば歴史学シリーズ・江戸時代シリーズ・明治時代シリーズといった時代区分に拠るものだけではなく仏像シリーズ・浮世絵シリーズ・武器シリーズ等々が考えられよう。

これら以外にも郷土資料館タイプの博物館であれば、民俗学シリーズ・植物シリーズ・動物シリーズをはじめとするそれぞれの専門分野内で、利用者の奇をてらい注意を喚起するスタンプの製作が必要である。また、これら一連のスタンプには学術的意味でのストーリー性を持たせることが求められよう。

③は、スタンプを順番に押印する専用の台紙を必要とする。サイズは最大でA4一枚とし、月々の押印場所は限定すると同時にスタンプの学術情報をコメントとして印刷することにより情報の伝達とストーリーの確認に結びつくようにしなければならない。

## 展示の延長としてのミュージアム・ショップ

ミュージアム・ショップは展示の延長でなければならない。ミュージアム・ショップは、その利潤を追求するところに目的が決してあるのではなく、以下詳述するところの教育的役割と博物館が持つ役所的認識からの解放による娯楽性の創出を目的とする。博物館におけるミュージアム・ショップの教育的必要性については、従来あまり論じられなかったことは事実である。

しかし、東京国立博物館のミュージアム・ショップが大型化して以来、各博物館においてもミュージアム・ショップの強化・充実の傾向が認められるようになって来たことは喜ばしい限りである。また、国立科学博物館のミュージア

奇をてらったミュージアム・ショップ
（安中市ふるさと学習館）

右、展示室に展示されたグッズ見本
（洲本市立淡路文化史料館）

ム・ショップの充実ぶりには驚かされる。基本的に博物館は、研究機関・社会教育機関であって、「もの」を売る機関ではないと言う考えが潜在的に存在している。

　この点も理解出来得ないでもないが、本稿で述べるところのミュージアム・ショップは、博物館をより身近なものとして市民が関係を結ぶ一手段であり、その果たす役割は大きいものと考えるのである。

　博物館が利用者に対して見てほしいもの、理解してほしいものは、博物館の顔であるところの常設展示である。この常設展示品の理解度を深める為にもミュージアム・ショップは必要となってくると考えるのである。あくまでミュージアム・ショップでは単なる土産物売り場ではなく、教育理念に立脚した展示の延長としての意味をも併せ持つ、施設であると理解せねばならないのである。

　即ち、観覧者にとって博物館における展示資料は、所有することはもとより手に触れることすら出来ない常に一方的な存在なのである。しかし、人間の本能としていずれのものに対しても、所有欲、あるいはさわってみたい欲求や獲得欲があることは否めない事実であろう。この入手し得ない資料に対して、獲得欲との間隙を埋める手段としてミュージアム・ショップの商品がある。それと同時にまた見学者にとっては博物館に行った記念に、理解した知識を留める意味で、何らかの形で持ち帰りたいと思うのが、自然の要求であって、ミュージアム・ショップの商品は、観覧者の要求を満たしてくれるものとなる。

　博物館に限らず、我々が旅行をすると必ずと言って良い程、それがほんとうは不必要なものであってもそれぞれの土地の土産物を買う。このことは、そこに行った証拠を、つまり自分の原風景を残そうとするものである。博物館もミュージアム・ショップで、その基本的な要求に応えねばならない。それが出来なければ、「土産物一つない温泉地はつまらない」のと同様に、あの博物館は「つまらない」に直結することとなるであろう。

　以上のような人間性の基本的な要求にミュージアム・ショップが応えることが、博物館の楽しみに結びつくと同時に、ミュージアム・ショップの商品は後述する如く、温泉地の温泉饅頭とは大きく異なり、教育的効果に基づいて作製されたものでなければならない。当該商品の取材した実物資料の由緒及び学術

的情報を記したコメントカードが付されているところから、展示室において実物資料の説明文を熟読しなかった見学者でも、改めて我が物になった商品のコメントカードを再読することにより、自分が購入した商品の由緒・学術性を知ることになろう。このことは間接的ではあるが、展示室で展示されていた実物資料の詳細を伝達したものと把握できよう。

**ミュージアム・ショップ商品の必要条件**　以上のような目的を達成するミュージアム・ショップの基礎となるのは、魅力のある商品であることは言うまでもない。日本の博物館のミュージアム・ショップでは、図録や絵ハガキ程度の商品が一般的であり、これでは余りに貧弱であり、人々を引きつける魅力など全くないと言って良い程であって、ミュージアム・ショップ本来の機能を果たし得ないものとなっているのが現状であろう。

　ミュージアム・ショップの商品の必要条件の第一は、当該博物館の収蔵資料の形態・意匠等をあくまで素材にしたものでなければならないし、逆に実用化された個々の商品より誰もが実物資料を容易に彷彿出来得るものでなくてはならない。また、それぞれの博物館の収蔵資料に関連するものでなければならないことは原則である。換言すればその博物館のミュージアム・ショップでしか購入できないと言う点が極めて重要である。したがって、全国のどこのコンビニエンスストアでも取り扱っているような商品であってはならないのである。

　つまり、芸術的あるいは芸術的香りを内蔵したこの独自性が来館者の欲求を満足させるステータスとなるのである。

　次に必要なことは売れる商品でなくてはならないことである。それには品数が豊富なことと、一点の展示資料より取材したものであっても、奇をてらった一寸面白いものから高級なものに至るまでバラエティーに富むものでなければならない。当然価格の面においても、子どもが購入出来る安価なものから、貴金属をあしらった高額な商品に至るまでを必要とする。仮にキーホルダー・ステッカー・絵葉書等の安価な商品のみで売場を始終した場合は、ミュージアム・ショップが社会的なステータスとは成り得ない要因となるであろう。

　また、商品に要求されることは展示資料の単なる複製品のみに限定されるのではなく、実物資料の意匠等をアレンジしたグッズで日常生活に耐え得る実用品を製作することも販売増加につながる重要な点であると考えられる。それと

同時に、たとえば絵葉書・キーホルダーにしても、20〜30種のバラエティーがなければならない。数多くの種類の中から、来館者が自由に選択できることが重要なのであり、かつ購買にも直結するものと考えられる。

第4の条件としては、ミュージアム・ショップの個々の商品には必ず、当該商品の学術的情報や由緒を記した由緒書を備え付けなければならない。この付加された由緒書きこそが、ミュージアム・ショップを博物館展示の延長に位置づける要件であり、教育的役割を果たすものである。

また、コメントカードにより、スーパーマーケットの商品には認められない学術的、芸術的な付加価値に来館者は満足すると同時に、ミュージアム・ショップ自体のステータスも高められるものであると考えられる。

以上のような観点から、ミュージアム・ショップの商品は、それ故に教育目的を基礎とし、優れたデザインと実用的な機能を併せ持ち、しかも常に高品質を備えたものでなければならないと考える。

## 博物館および関係施設等での資料意匠の活用

上記の教育目的のグッズの製作と同様な視点で捉えねばならないものとして、博物館内や関係施設で使用する水飲み場やゴミ箱・床材等々がある。

これらは、一般的に大型グッズとも言える資料であって本来の使用目的以外にモニュメント的役割をも果たす資料でもある。博物館の収蔵資料から取材した資料を館内で使用することにより、当該資料を博物館利用者に印象づけることと、博物館内の雰囲気づくりに効を奏すものと看取される。

展示資料の活用
（佐賀県立九州陶磁文化館）

展示資料の活用
（青森県三内丸山遺跡）

また、たとえば歴史資料であれば過去の人々が製作したものを現代社会に活用したという、奇をてらう行為であるが故に親しみをもって受け入れられる可能性は高いと思われる。

　さらにまた、博物館外での配置と使用は、博物館の広報活動としての役割を果たすものである。したがって、駅前広場や公園・道の駅・役所等々の人が集まる場所への設置が好ましく、情報伝達を基盤に置き文化的香りの高い広告塔であると考えられよう。仮に、親しみをもって受け入れられた場合は、博物館も市民の意識下に置かれたものと把握できよう[44]。

## 3　集客力を高める二次資料の活用

### 説示型展示に不可欠な二次資料

　説示型展示を遂行するには、料理の「刺身の盛り合わせ」と同様に展示の中心である刺身に相当する実物資料に対して、当該資料の明示・置かれた環境・状況・使用方法・全体像等々の情報を伝達すべく、模式図・復元図・拓本・写真・模型・レプリカ等の介在が不可欠であることは確認するまでもない。当然それは文字や言語ではなく、"展示"という情報伝達手法なのである。

　先ず、いずれの資料の展示の場合でも伝達情報の基本となるのは、誰が、何時、何でつくり、どういう風に使用し、これにより何が変わったかといったことの明確化である。少なくともこれらの情報が伝達できれば、説示型展示としては十分であろう。

　この為には先ず、断片的資料や欠損資料に関しては、当該資料の全体像を明示することが第一義であることは確認するまでもない。この場合、最も簡単な方法が模式図・復元図なのである。原則的には実寸大の模型や実寸大のジオラマは、情報伝達の上で必要としないのである。見学者が観てわかりやすく納得のいく模式図・復元図が展示の第一歩といっても過言ではなかろう。

　また、学説等が変わった場合でも、すみやかな撤去や内容変更といった対応が可能であることが重要なのである。

　次いで、見学者が視認するうえで不明瞭であったり、あるいは視認不可能な資料は、拓本やX線写真・赤外線写真を含めた写真類が情報伝達の上で効果

的であることは確認するまでもなかろう。

　また、これらの二次資料および製作法は、日常生活の中では一般的に無縁であるところからも、見学者が非日常的な学術性を彷彿する資料として、資料自体が見学者の注意の喚起を誘発する要素ともなろう。

　中でも金石資料に関しては、拓本が圧倒的な視認性を高めることは周知の通りであると同時に、一方では実物資料とは異なる拓本自体が有する所謂"拓本の美"が見学者をさらに魅了する展示資料ともなろう。かかる観点で、人文系博物館に限らず自然系博物館であっても、博物館展示へ拓本資料を取り入れることは必要であると考えるのである。

## レプリカ（型取り模造）展示について

　本稿で筆者が意図するレプリカとは、雌型（キャスト）製作の過程を経て充填材により形成された二次資料である模造品をさす。換言すれば、型取り模造の技法による模造品である。

　したがって、凹凸により形成される資料を原則的に対象とするものであって、墨痕・絵画・染色等は技術の上で不可能である。なお。これらの二次資料は、従来模写・複製と呼称している。

　また、陶磁器・日本刀・漆器等の立体物資料で、計測・熟覧視等により製作された模造品（計測模造品）は、従来「写し」とも呼称されている。なお、悪意を持って製作した模造品は「写し」と区別し偽物・贋物と呼び慣わし、後の混同は別として両者は明確に区別されて来たのである。

　ところでレプリカを展示する場合の題簽への表記は、二次資料を意図する模造・レプリカ・複製等での用語表記は不要であると考える。この理由は、上記用語の明確な表記が見学者の熟覧意欲を削ぐことを懸念するためである。ここで言うレプリカは、実物資料と寸分違うことなく視覚のみでは、それもガラスを通しての視認では区別すら付かないほど客観的な博物館資料である。したがって、レプリカを見て誤った情報を得ることはないと考えるからである。但し、この場合は、あくまでも自館の資料であることが大前提であり、実物は収蔵庫に保存されていることが絶対条件である。他館の所蔵品で在ってはならないことは確認するまでもない。

この模造品展示に関しては、明治23年（1890）に坪井正五郎が次の如く記している[45]。

　　　（前略）是等の甕には一々梅の花瓣程の大きさの紅い印が付けて有って陳列箱の上の立札に之は模造の印しなりと書いてございます、彼様なのは見分けが付き易く誠に便利で他の博物館で札紙の隅に小さく模造品と書いて有るのに比ぶれば遙に好い趣向でございます、

**レプリカ（型取り模造）の特質**　写真（ホログラフィーを除く）・実測図・拓本・模写等は、立体資料の記録に対しては平面的な記録である。一方、立体資料の立体的記録である模造は、計測模造と型取り模造に二大別され、両者の博物館二次資料として特質については別稿[46]で記したとおりである。

　立体資料の二次元的記録法である計測模造と型取り模造（レプリカ）を比較すると、計測模造は実施者の主観や製作者の技量の差などの介入が否めない事実を常にしているのに対し、後者の型取り模造（レプリカ）は実物資料に印象材を接触させて雌型を作製するところから、材質は別として法量・形状においては客観的記録性を有する点が最大の特徴であり、法量・形状に関する記録上での客観性では極めて優れた二次資料なのである。したがって、客観的記録という二次資料最大の必要条件においては二次資料群の中で最も優秀な二次資料と言えるのである。

　つまり、写真・実測図・拓本等の平面資料からの計測模造は製作可能であるが、レプリカは製作できないのである。逆にレプリカからは、計測模造はもとより写真・実測図・拓本等の二次資料の製作は可能であるところからも二次資料の中でのレプリカの資料価値の高さは肯定されるのである。

　博物館におけるレプリカ製作の目的と意義は、以下の4点が考えられる。

①**資料保存を目的とするレプリカ**　資料の消失に備えた資料保存については、考古学者であった浜田耕作は、『通論考古学』のなかで複製の必要を次の如く記している[47]。

　　　遺物に対する各種の保存法を講ずることは其の遺物の保存に若干の生命を延長することを得可きも、火災・盗難・其他自然の破壊力を絶対的に防遏することは不可能なり。之に対しては一方記録に由る保存の途を講ずると共に、該遺物の模造複製（レプリカ）を一個若しくは数個製作して、之

を各地に配布する時は、其の原物亡失する場合あるも、複製によりて、其の原物を彷彿せしむることを得可し。

　これはレプリカに限らず全ての二次資料は、実物資料が消失した折や無形資料に関しては二次資料と雖も実物資料と同等な学術的価値を持つ場合があることは、昭和24年（1949）に焼失した法隆寺壁画の二次資料である模写からも明確であろう。客観性の高いレプリカにおいても当然同様である。レプリカの当該事例としては、明石原人化石焼失[48]の例にもあるように、いかなる材質から形成された資料であっても決して永遠でなく、時間の経過の中でいつかは消失することは世の常である。したがって、博物館において実物を所蔵する場合は、第一義的には資料保存の観点から正確なレプリカを製作することが必要であると考えられる。特に歴史資料に関しては、形あるものは永遠ではなく、いずれは消滅するであろうから、その最悪状態を予想した資料のレプリカ製作の必要性は生じてくるものと考えられるのである。

　法量・形状記録の上では、最も優れた客観性を有するレプリカによる実物資料の記録を、レプリカ製作の適性を判断した上で可能である博物館資料に関しては、写真・実測図と同様な観点で実施することが望まれるのである。

　本書で意図するところのレプリカの活用は、「展示」と「保存」の矛盾する機能の間隙をうめるところにある。この絶対的矛盾が博物館展示の難しさである。どんなに保存条件が整備された博物館収蔵庫内での保存であっても、劣化の進捗を遅らせることは出来ても劣化を完全に阻止することは大半の資料において不可能であり、時間の経過の中で劣化していくことは必定である。係る状況において、まして収蔵庫よりはるかに保存条件の悪い展示室で展示に供される資料は、保存の上では劣悪な環境にあると言えるのである。何故ならば、展示室は収蔵庫と比較した場合はるかに資料の劣化の原因となる因子が多数存在しているからである。具体的には、見学者の出入りと滞留による大きな温湿度の変化は如何ともし難く、さらに展示室であるがゆえの光、加えて塵芥・虫等々が存在するからである。

　といって、資料や研究行為のない博物館は現実に存在しているが、博物館の最大の機能である展示がない博物館は未だ知らない。この大いなる矛盾を解決して、博物館が博物館本来の資料を媒介とした情報の伝達（博物館教育）を実

施する方法として、立体的資料に関してはレプリカが極めて有効であるところに存在の意義が認められるのである。

つまり、保存措置を考慮しなければならない資料は、季節・期間を定めて保存環境の優れた収蔵庫で保存し、その間展示室においてはレプリカを展示に供することにより危機の回避を図るものである。

②**臨場感創出のためのレプリカ展示**　特殊な事例かもしれないが遺跡における遺構のレプリカは、発掘時の検出状態を正確に維持しているものであるから、発掘に従事しない第三者に対して遺跡を、あるいは遺構を説明する場合臨場感に溢れた好資料となり、発掘調査終了後においてもレプリカをあらゆる角度から必要に応じて何度でも精査できる長所を有する資料でもある。

この点は、博物館の展示にも大きく関与する問題であり、土器や石器等の遺物のみを出土状態や出土した遺構から切り離してガラスケース内に展示しても見る者にとっては全くの臨場感が伴わないばかりでなく、展示の目的である学術情報の伝達すら果たしていないこととなるのである。

故に、この意味からも博物館展示においての出土遺物は、本来の状況を明示する目的で出土状態や遺物を伴った遺構のレプリカが展示の上で求められるのである。学術情報の伝達である展示効果と展示行為の根底である見世物としての臨場感は、遺物の出土状態やそれに伴う遺構の状態をレプリカにより明示した場合、一枚の写真よりもはるかに見る者にとっての印象性は鮮明なのである。

また、歴史資料に限らずおしなべて全ての資料は、博物館に収集して良いとは限らず、原則的には現地で保存することを第一義とする。この場合の現地保存に対し、博物館での展示を目的とする資料の収集の具体的方法はレプリカ・複製による資料の製作なのである。

沖ノ島5号遺跡のレプリカ展示
（国立歴史民俗博物館）

この意味で"驚きと発見"を齎す博物館展示には、臨場感を有する現状を記録したレプリカが必要と

されるのである。

**③勢いのある模型・生活感のある模型**　博物館展示における模型の必要性については、坪井正五郎の「土俗的標本の蒐集と陳列とに關する意見」[49]が嚆矢であろう。要点のみを抜粋すると下記のとおりである。

　　大きな物は必ずしも全部を添て置くには及びません。其小部分でも好し、或は縮小模造でも好し、其趣きを書き付けて、置きさへすれば宜し。（中略）成るべく文字を書かず、出來る丈解説を省いて、しかも多くの文字を列ね長い説明を添へたよりも理解し易く仕やうと云ふのが、此陳列法の意でござります。

　　服飾に次いで目立つのは住居。是は雛形が一番宜しい。得られなければ寫眞か圖畫。

博物館展示の原理を明記する中で、その具体的方法として模型の効用を述べているのである。厳密には「模型」ではなく、「縮小模造」と「雛形」なる両語を使用しているが両者とも「模型」と同義と理解しても間違いはないと思われる。明治32年（1899）のことである。現在では、博物館での模型の活用とその変遷に関しては大貫洋介の論文に詳しい[50]。

わが国では、縮小模型（摸形）である雛形の製作は縄文時代の土製品・石製品をはじめとし、沖ノ島祭祀遺跡出土の金銅製雛型祭祀品や法隆寺献物品である逆沢瀉威鎧雛型等々を代表として、神社に奉納された和船の雛型等は各地で散見されるところからも縮小模型製作は文化的土壌として培われてきた故の、坪井の発想で有ったのであろうと理解できるのである。

人形による勢いのある模型
（左：山梨県立博物館　右：王塚装飾古墳館）

模型は、縮小模型・実寸大模型・拡大模型の３種に区分されるが、基本的には縮小模型であることが重要である。微小な資料に関しての拡大模型は、アメリカの自然史博物館等では多用されているが、わが国の人文系博物館では稀であろう。まして、実寸大模型は必ずしも臨場感が伴うとは限らず原則的にはあまり意味は持たないと言っても過言ではなかろう。別項でも記したように可変性のある常設展示室を考える場合は、実寸大模型・拡大模型はもとより縮小模型と雖も規模の大きな模型は作製するべきではないと考えられる。

　模型は、実物資料の客観的記録を目的とする２次資料の中では異質な記録法である。つまり、地形模型の例からも理解できるように縮小自体もそうであるが、水平縮尺率と垂直率が異なるところからも、実物資料の客観的記録では決してない。原則的には保存・研究用の資料ではなく、展示用の資料なのである。

　したがって、有る程度の創意工夫を加えることが可能なのであるから、誇張した表現や多数の人物を登場させるなどにより勢いを感じさせる生活感のある、見る者がほのぼのするような模型が必要なのである。この創意工夫による人をして魅了する、あるいはほのぼのさせる力を有する二次資料が、模型であるから、この特徴を最大に生かすべきである。

　この意味では、韓国の考古学展示や民俗学展示部門の模型は予想以上の人物を登場させることにより、見て楽しい勢いを感じさせる共通特性を有する模型である。博物館へ、元気あふれる模型を見に行くだけでも良しとするような模型を、見学者の為に作製しなければならないのである。

**④完成された臨場感に富む模型、ジオラマ**　見世物興行としてのジオラマは、明治初年頃にわが国へ舶載されたのであろうことは、明治５年（1872）に斎藤月岑が著した『武江年表』に、不明瞭であるがジオラマを彷彿させる下記の記事が確認される[51]。

　　　○所々に西洋画の覗きからくりを造り設け、見物を招く。夏の頃より
　　浅草寺奥山花屋敷の脇にはじまる。夫より続いてできる。△神保町二丁目
　　（池田氏、六月より）△同一丁目（十月始めより）（中略）△車坂町其の他、
　　翌酉年中へ掛け追々に出来たり（明治９年の頃にいたりて追々に廃れたり）。

　齋藤の記す西洋画の覗きからくりは、ジオラマでないかも知れない。あるい

はもう既に換骨奪胎がはかられ、覗きからくりにジオラマが組み込まれた可能性も十分想定される。

次いで明確なのは、五姓田義松（2世芳柳）が記した「初代五姓田芳柳伝」[52]の下記の記事から窺い知れる。

> 明治六年、東京に還り、浅草に住し、新門辰五郎と計り、金龍山内に今謂うジオラマの如きものを創む。前面に人物画を等身大に切り抜きて配置し、背景には家屋橋梁等木材を以って構ふるあり、画に因って成るあり、其間樹木を植え、宛然活景を見るが如く、称して活画という。

ここに記されている"活画"とは如何なる展示装置であったのか、その実態は不明である。ジオラマの如きものと明示されているところから、この明治6年の時点で既に和風化が成されたものと推測されると同時に、ジオラマそのものは周知されるに至っていたと思われる。既に和風化が図られたであろうことは、上記の『武江年表』に記述のある「西洋画の覗きからくり」も和風化した見世物であったと推定されよう。

「初代五姓田芳柳伝」の見世物は文意を基に推定するに、江戸時代よりのわが国の見世物としての伝統的展示手法であった「立版古」にジオラマの要素である書割が加味された展示装置ではないかと思われる。

正式なジオラマ館として浅草公園に建設されたのは明治22年である。続いて明治24年には神田錦町にオープンしたパノラマ館の中にパノラマとは別に4コマのジオラマが併設されたことにより、広く日本人の知るところとなった展示物であった。多大な人気を博したジオラマはパノラマと共に明治時代後期に一般化する活動写真の舶載により衰退を余儀なくされるに至り、見世物としてのジオラマ・パノラマは消滅した。

一方、博物館展示としての生態ジオラマに着眼し、理論を展開したのは明治32年（1899）の箕作佳吉を濫觴とする。次いで黒板勝美[53]や谷津直秀[54]が理論と展示上での必要性を展開した。

ジオラマ展示推進論が熟すなかで、わが国の博物館に具体的展示としてジオラマが登場したのは、大正元年（1912）に開館した通俗教育館の天産部門での動物の生態展示であった。

ジオラマの展示場の特質でもある展示効果については、博物館におけるジオ

ラマ展示論の嚆矢である箕作佳吉は次の如く記している[11]。

　　　例ヘバ鳥ノ如キ剥製ノモノヲ棚上ニ置クヲ以テ足レリトセズ其自然ニ生活スルノ狀態ヲ示シ海岸ニ住ム者ハ海岸ノ景色ヲ造リ出シテ（シカモ美術的ニ）鳥ノ標本ヲ或ハ舞ハシメ或ハ岩上ニ止マラシメ或ハ巣ヲ營ムノ模樣ヲ示シ而ニ雛鳥ノ標品ヲ活キタル如クニ造リテ其内ニ納メ又鴨ノ如キモノナレバ水邊ノ景色ヲ造リテ游泳ノ狀ヲ示シきつつきノ如キモノナレバ樹木ノ幹共ニ之ヲ陳列シテ其樹皮ノ下ニ虫ヲ求ムルノ樣ヲ現ハシ燕ノ煙突ニ巣ヲ營ム如キ屋根及煙突ノ一部分ヲモ出シテ人ノ注意ヲ惹ク樣ニセザル可ラズ此等ノ如キハ唯僅々二三ノ例ニシテ各學科ノ標品ニ付キ普通ノ人ノ見ヲ以テ快樂ヲ感ジ知ラズ識ラズノ間ニ其標品ノ教ユ可キ智識ヲ吸収スル樣ニ意匠ヲ凝シテ造リ出サヾル可ラズ

つまり、箕作はジオラマの展示効果については、楽しみながら容易に情報伝達が理解できるものであると記しているのである。

当該箕作の指摘は、その後多くの人々に受け入れられ1980年代の末頃までは、博物館展示において隆盛を極めたのであった。それほど魅力のある展示装置で有ったはずのジオラマが、1990年代に入り衰退の兆候が現れ現在製作数は大きく減じたことは事実である。製作費用が高額なこと、同様なジオラマが普及しマンネリ化したこと、伝達情報が多いとは言え映像展示と比較した場合は大きく劣ること等の理由により、ジオラマ製作は減少したことは別稿[55]でも記したとおりである。

さらに、根本的理由は、巨大化であったと指摘できよう。たとえば、わが国最大の岩手県立博物館のジオラマを見た場合、将に動かずの資料でその製作費用に対しては余に伝達情報が少なすぎることは事実であろうし、メモリアルとしての象徴展示とした場合も無駄であろう。

しかし、上記の理由でジオラマは不必要かと言うと、筆者は展示の上でジオラマは必要であると考えている。その理由は、縮小ジオラマは完成された模型であるからである。つまり、模型には背景が伴わないところから当該場面の環境や状況に関する情報伝達が欠けることと遠近法による臨場感は模型の比ではないからである。したがって、臨場感を伴うジオラマは、見る人を充分魅了させる力を有しているのである。

小型ジオラマ　　　　　　　ウォークインタイプの大型ジオラマ
（黒耀石体験ミュージアム）　　　　（新潟県立歴史博物館）

　ただ、大型ジオラマの必要は何らなく、ボックスタイプの小さな縮小ジオラマで充分展示効果は果たせるし、移動も簡単であるところから別項で述べた可動性のある常設展示を実現するにも適合しているのである。人はミニチュア世界への興味を潜在的に有しているのである。"ジオラマは大きさ故に貴からず"を格言としたい。

## 構造展示と映像―映像機の設置場所―

　ここで言う構造展示とは、博物館の展示室内への移築民家あるいは復元民家等の構築物や所謂時代部屋等も含めたものを想定しているものである。

　映像の設置場所と称したのは、つまり構造展示内に於ける映像場所であり、映像内容に合致した場所に映像機器を設置するというものである。あるいはまた、映像内容に応じた構造展示を設定すると言うものである。

　この目的は、展示物である映像、中でもこの場合は第一次映像であると限定してよいであろう映像に、周りの雰囲気を加え、より臨場感を呈出させるためである。この点は映像に限ったことではなく、いずれの展示資料においても必要とすることである。

　実践例としては、南足柄市郷土資料館で農家の構造展示があり、それも台所部分を中心とした部分的構造展示である。そこには台所に関する資料が多数露出展示され、おのずと資料と資料の相互関係が生まれ、臨場感に富んだ展示となっている。その中に台所であるから当然、カマドが設営されており、カマドの焚口内部に映像機が設置されている。これも基本的には奇妙であるのだが、

台所における炊事の様子と周辺に設置された台所用品であるところの民俗資料を解説のかたちでなく、具体的な使用の様子を自然な映像で展示することにより見学者の理解度を深めているものである。このカマドシアターは、本来構造展示の導線上からは見えない、死角に相当するカマドの焚口内への設置であるから、見学者が構造展示物の内部に入って、ハッと気がつけばこんなところに映像が流れているといった奇をてらった設置であり、周辺の状況と映像内容が一体化することにより展示教育効果は高められているものと看取される設置状況である。

　また、愛媛県歴史文化博物館には、大師堂が構造展示されており、その内部は映像シアターとなっており、「四国遍路―ひとびとの願いと信仰―」と題する大師堂と関連する映像が展示され、両者が相互に関与し合い良好な展示結果を呈出しているものである。

　以上のように、殊に第一次映像を使用する映像機の設置は、周辺展示と一体化するよう配慮すべきであり、さらに映像機自体が露骨に目立たない工夫も必要である。科学館・理工館ならまだしも、歴史館・美術館・自然館といった博物館の展示資料類と全く異質なブラウン管等が併存し、同時に目に入ること自体に違和感すら感じられるためである。

**映像展示機器の陳腐化と記録映像の制作**　今日の博物館展示において映像の展示は、一般化しているのが現状であるといっても過言ではない。しかし、筆者が『博物館映像展示論―視聴覚メディアをめぐる』[56)]を上梓した平成9年（1997）頃は、映像展示使用のウエイトが今日よりもはるかに高かったのは事実である。マルチ映像をはじめとし、特殊映像であるマジックビジョンやディービジョン・シミュレーション映像が博物館展示の核となっていた時代であり、それはまた前項で記したごとく映像によりジオラマが駆逐された時代でもあった。17年前に予測したとおり、特殊映像機器とこれに伴う映像は陳腐化を来たし、見学者の注意を引くことすらなくなっているのが現状であろう。最大の原因は、安易に制作された映像ソフトが飽きられたのである。映像の内容が軽佻浮薄であればあるほど、この傾向は強く表面化することは確認するまでもないであろう。

　博物館での映像ソフトは、下記の如く2種に大別を行った。

映像ソフト ―一次映像資料（記録映像・実写映像）
　　　　　 ＼二次映像資料（再現映像・CG映像）

　一次映像資料とは、記録映像・実写映像・保存映像とも称される基本的には無形であり、一連の動きを伴うような映像、あるいは行程等の映像を指すものである。要するに、物質的な実物資料のかたちの呈示不可能な場合の映像は、一次映像資料である。具体的には、民俗芸能や神事といった無形の文化財をはじめとする無形文化財全般や、自然界におけるあらゆる現象、行為、行動等に関する記録映像を指すものである。この場合の映像は、基本的には静止画像・動態映像を指示するが、その被写体の動態無形の性格を考慮した場合、動態映像のほうが静止画像より数段高い資料価値を有することは明白である。

　ゆえに、一次資料と同種の資料価値を有する記録映像・実写映像・保存映像は、峻別する意味で一次映像資料と呼称することを提案したのであった。

　したがって博物館の根幹は、いかなる場合でも資料であり、それと同様な観点に立脚する資料なのである。一次映像資料は実物資料と同等の資料価値を有するものであるから、映像は「制作」なる用語が使用されるが、本質的には一次映像資料の制作は博物館の第一の機能とも言える資料の収集と考えるべきものであって、当該博物館の専門性の中での理念に照らして制作されるべき資料なのである。優秀な一次映像資料は、過去・現在を記録し未来へ伝わって行くのである。それは、決して陳腐化することなく、むしろ経年がかさむほどに資料価値は増大していくのである。これが将来集客を高める博物館資料となるのである。この意味で、以下に述べる二次映像資料とは、資料価値の上で基本的に異なるのである。

　二次映像資料の目的は、模型や模式図・想像図・復元図等と同様に資料が有する学術情報の伝達手段としての映像であり、具体的にはアニメーション・CG等による映像が主となる。したがって、情報伝達の手段が映像以外にない場合や仮に他の展示方法がある場合でも映像を何らかの理由で選ばざるを得ない場合以外は制作すべきではないと考えるものである。根本的理由は、今日の社会ではこの種の映像は生活の中に横溢するところからも、決して珍しくはなく見学者を引き止め魅了することはできないのである。仮に出来たとしても一

回限りであると認識せねばならない。映像に対する社会観念は大きく変容したのと同様に、博物館展示における映像展示の受け入れ方も変容したのである。

とにかく軽佻浮薄ですぐに飽きられるような映像は制作するべきでないし、映像展示も行うべきではないと考える。

## 展示メディアとしてのパーソナル情報端末

博物館のすべての機能は、情報であると表現できる。情報ソースである博物館資料は別としても、これらから発生した各種の情報を抽出・保存・伝達・活用するには、今日のIT社会の中でのデジタル技術の使用は不可避であることは確認するまでも無かろう。

このことは、博物館展示における情報伝達の方法においても同様であり、デジタル世代である若者にとってはスマートフォンやタブレット等によるパーソナルな携帯情報端末は、博物館においても必要不可欠なアイテムとなるものと看取される。これらの機器の利用は、視覚のみならず聴覚利用も可能である点を大きな特質とするところから、岡山市立オリエント美術館や韓国国立古宮博物館等々で採用されている。

博物館利用の最も少ない青少年層への博物館へ誘う手段としても携帯ゲーム機やスマートフォン等を含めた情報端末による情報伝達は必要なのである。ルーブル美術館・大津市歴史博物館等々における当該機器類の使用は、利用者にとっての見学面での効用は勿論、新たな参加型展示ともなろう。

また、この場合あくまでも博物館が貸し出す端末機ではなく、各個人が常日頃愛用している携帯端末の利用でなければ、その活用頻度は低下するものと予想されるのである。

また、沖縄県立桜野特別支援学校教頭の幸知英之[57]は、重視した障がい者の指導を目的とした携帯用端末のアプリケーションの開発とその教育成果を記している。幸知はアプリケーションの開発には、①視覚障害には音声認識による入力、音声によるガイドが使えるようにする、②聴覚障害には音声認識や手書き入力を活用したコミュケーションが出来るようにする、③知的障害には、判断や思考を助ける道具となれるようにする、④肢体不自由、病弱には、体の動かせる範囲で操作可能で誤操作をさせないように工夫する、の4項目をあげて

いる。

　桜野特別支援学校の試みは、文部科学省が示した2020年からのデジタル教科書・教材・タブレット型端末の導入を意図した試みと思われるが、学校だけに限定されたものではなくバリアフリーの一つとして博物館での展示に参加する高齢者・身障者に対しても必要とされる要件である。

　以上のように、タブレット型端末・携帯型電子機器の必要性は社会の推移の中で希求される展示メディアであるところから必要とするが、当然のことながら博物館展示は端末機器のみではなく、従来型の情報伝達手段と合わせて使用することが必要なのである。

## 破片や部品のみ展示の禁止

　縄文土器・陶磁器等の細片や民具の部品等を羅列しているのを、眼にすることがままある。確かに一片の土器片や機織り機等民具の部品であっても、種々の情報を有する学術資料であることは間違いない事実である。

　しかし、博物館展示は前述の如く広義の展示の一形態であり、それ故に博物館の展示資料と雖も見世物としての要素を多分に必要とされる点を忘れてはならないのである。つまり、学術情報とその伝達は博物館展示であるがゆえに当然の如く置き去りに出来ない基本要素であるが、人を魅了する広義の展示と同列に考えた場合、博物館展示にはさらなる展示要素が加味されなければならないのである。

　それは見世物という展示が専有するとも言える要素であり、それはたとえ博物館展示であろうとも保持しなければならない広義の展示に含まれる、すべて

破片のみの展示

の種類の展示に共通する基本要件なのである。

　ここで言う基本要件とは、極論すれば博物館の展示資料であっても当該資料が内蔵する学術性をも優先するものであると言わねばならない。そこには、人間の種々の感性を刺激し、且つそれが人間性の上からも希求される要素で、最終的には博物館へ見学者を誘う集客力を形成する原因とも成り得るものであり、学術性とはあくまで離脱した要素が極めて多く存在するものと看取される。学術性とあくまで離脱した要素とは、次の如くの資料群が想定される。

　①珍奇性・希少性を有する資料
　②金銭的欲望を刺激する要素をもつ資料
　③残虐性・わいせつ性で人間のある種の末梢神経を刺激する資料
　④美的で鑑賞の対象となる資料
　⑤臨場感に富む資料
　⑥楽しみながら理解度が深められる資料
　⑦知的欲求を満たす資料

したがって、破片や部品のみだけでは、"驚きと発見"は発生せず見学者を魅了することは出来ないのである。考古学・民俗学の知識を持ち合わせた専門家のみを対象とした開示であればそれでも良かろうが、博物館利用者の大半は考古学や民俗学の知識を持たない人々であることを決して忘れてはならないのである。見学者にとってそれらの土器片の羅列は、極端に言えば干し椎茸を並べているのと何らの変わりはないように捉えられているものと見做せよう。故に、破片や部品のみの展示は、展示ではなく羅列であると言えよう。したがって、見学者に対しての教育であるところの情報伝達は何ら果たされていないのである。

　以上のところから、博物館での説示型展示の第一歩は、展示資料の全体像の明示である。視認を基本とする博物館展示にあっては、当該資料の全体像が理解出来れば、自ずと使用目的等に関してはある程度の予想が付くものであるから、資料の全体像の明示は極めて重要な要件であると考えなければならないのである。

　故に、破片や部品は単体では展示に供するべきではなく、立体的展示を行うのであれば全体像が理解できる復元を実施しなければならないであろうし、平

面的展示であるならば全形を明示する復元実測・模式図・想像図等の必要性が生じてくるのである。

## 復元図・模式図・想像図の必要性

歴史資料の中でも考古資料や化石資料等には、破損・欠損により資料の全体像を遺存部分のみの実物資料を見るだけでは把握し得ない資料が多数存在しているのが事実である。いずれの資料においても全体像の把握が、情報伝達の基本であることは前述したとおりである。欠損資料の全体像を明示するには、資料の復元が基本であるが、これを最も簡便に行う方法として復元図・模式図があげられる。先ず、これらは平面的資料であるが故の簡便性があり、さらには実寸大はもとより縮小・拡大も可能である長所を有すると同時に制作上の容易さにおいても、展示の上での優位性を有する二次資料なのである。

また、資料の全体像や使用方法が学術的に不明確な場合でも複数の学説を簡単に紹介でき、さらに学説に変更が生じた場合でも対応が極めて簡単であることを特質とする。

当該展示資料の過去の使用方法や周辺環境といった写真化が不可能な資料の情報の伝達には、復元図・模式図・想像図は最も制作が簡便で、最も効果的な方法である。勿論CG（Computer Graphics）による写真・映像化も可能であるが、予算や制作技法の上では比較にならぬほど簡単で、十分な展示効果が期待できるのである。

前述した模型は、立体であるのに対して復元図・模式図・想像図は平面であ

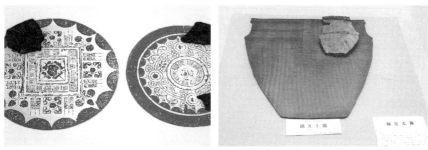

復元図の例

ることをそれぞれの特徴とする。この意味では模型と比較して制作においては簡単であるところから、費用の上からも他の製（制）作物と比較して安価に製（制）作できる二次資料である。木下周一は、その著『ミュージアムの学びをデザインする　展示グラフィック＆学習ツール制作読本』[58]の中で「図解とイラストレーションについて」で次のように記している。

> 図解とイラストレーションは写真と同じように、アイ・キャッチャーとして人々の心をまずとらえる目的で使用されることも多い。また、これらは文字が中心となる解説の流れや解説面に、ここちよい変化をもたらす。

よって、復元図・模式図・想像図は博物館展示に多用すべきであると考える次第である。わが国の博物館では復元図・模式図・想像図による情報伝達展示が少ないと看取される。このことは、これらの制作はレプリカ製作とはことなり、研究の成果があってはじめて制作が可能となる資料であるが故に、資料制作の根拠となる研究がなされていないか、あるいは研究の成果が反映されていないことに起因するものと思われる。

ただ、展示室全体の展示構成の上で、すべてを本種のパネルが占めると当然の如く展示全体が平面的になると同時に、どうしても人間心理に飽きが発生することは否めないのが事実であろう。ワンパターンを脱する意味で模型や映像による情報伝達を併用することが肝要である。

## 年表展示の必要性

年表とは、歴史上の出来事を時間軸にそって順番に並べることにより、時間的推移を見る者に容易に理解できることを目的とした表形態の展示物である。文字を基本媒体とするが、写真や絵図を含めた絵年表方式もある。基本的には展示パネルと同様な目的で包括的な機能を有する情報伝達物である。横書きの場合は通常は古い順から左から右へ、縦書きの場合は上から下へ年代は新しくなるが、博物館展示の場合見学者の動線からすると右から左への流れが適合する形態となる。

博物館における年表の展示は、その理由は不明であるが近年減少の傾向が認められるようである。逆に言えば、1970年頃までの手づくり的な郷土資料館に多見される傾向があるように思われる。

歴史系博物館の歴史展示における歴史年表は、確認するまでもなく当該地域の歴史事象とその変遷を時間軸で明示するものであり、見学者が展示されている歴史資料と年表の両者を見ることにより、展示資料を日本の歴史の中に位置づけることを目的とするものである。視覚により容易に理解が求められる展示補助資料であるところから、歴史展示には不可避であると考えられるのである。

　さらには、多くは断片的な当該地域の歴史を、日本史の中に位置づけることが歴史展示が目的とする重要点である。つまり、地域博物館においては、日本の歴史や文化を総花的にあつかう展示を行うのではなく、当該地域の地域性である独自な文化・歴史を取り上げ展示することが地域の確認を目的とする地域博物館の責務であると同時に、博物館の特色を生むこととなるのは周知の事実である。ただそうした場合、地域に於ける個々の歴史の位置づけが不明瞭になる故に、日本史年表との対象が必要となるのである。日本通史の中における当該地域の断続的資料による歴史の相対的位置を確認することを、目的とするものである。

　したがって、年表の構成は当該地域史と日本の歴史を対比可能な2軸構成とすることが肝要である。この地で、このような事件があったときは江戸・大坂・他地域ではどうであったかが一目でわかることが重要なのである。考古学資料の展示や海外と関わりの多い地域での歴史年表の構成は、さらに世界史年表を加味した3軸構成による年表が必要となることもあろう。世界の中の当該地域、日本の中の当該地域の把握が出来ることを目的とするものである。

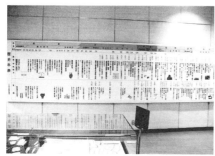
年表展示（熊本市塚原歴史民俗資料館）

年表展示（広島県立歴史博物館）

年表の展示場所は、壁面が一般的であろう。壁面を使用するにあたって何らかの規制がある場合は、床面も可能であろう。いずれにせよ、歴史展示室に限らず必要とされる展示構成資料である。

なお、くどいようであるが年表は展示資料と同一場所であることが必要要件であり、展示を構成する一要素であると考えなければならないのである。故に、廊下や展示室以外での年表展示は本来の展示としての展示効果を果たしていないものと考えられる。

註
1) 前田不二三　1904「學の展覽會か物の展覽會か」『東京人類學會雜誌』第二十九號
2) 木場一夫　1949『新しい博物館―その機能と教育活動―』日本教育出版社
3) 鶴田総一郎　1956「博物館学総論」日本博物館協会編『博物館学入門』理想社
4) 林　公義　1978「展示」『博物館概論』学苑社
5) 富士川金二　1980『改訂・増補 博物館学』成文堂
6) 新井重三　1981「展示の形態と分類」『博物館学講座7　展示と展示法』雄山閣出版
7) 佐々木朝登　1990「展示」『博物館ハンドブック』雄山閣
8) 棚橋源太郎　1950『博物館学綱要』理想社
9) 布谷知夫　2005『博物館の理念と運営　利用者主体の博物館学』雄山閣
10) 鳥居龍蔵　1893「帝國博物舘風俗古物歴史物品陳列方法に就て」『教育報知』第355・357・360號
11) 箕作佳吉　1899「博物舘ニ就キテ」『東洋學藝雜誌』第拾六巻弍百拾五號
12) 下元　連　1933「博物館　商品陳列館」『高等建築学』第21巻、常磐書房
13) 棚橋源太郎　1953『博物館教育』創元社
14) 新井重三　1958「博物館における展示の基本的な7つの問題点とその解決法―再びDouble arrangementについて」『博物館研究』Vol.31No.3
15) 青木　豊　2007「新井重三先生（1920〜2004）の博物館学思想」『Museum Study　2008年度　明治大学学芸員養成課程紀要』20
16) 福田ふみ　2008「こども博物館について―棚橋源太郎と木場一夫の論を参考に―」『國學院大學博物館学紀要』第32輯
17) 木場一夫　1952「二　教育媒体としての展示」『見学・旅行と博物館』金子書房
18) 棚橋源太郎　1930『眼に訴へる教育機関』寶文館
19) 青木　豊　2003『博物館展示の研究』雄山閣
20) 近藤雅樹　2003「ミニチュア博物誌の構想―シーボルトがくれたアイディア―」『新・シーボルト研究Ⅱ　社会・文化・芸術篇』八坂書房

21) 関　直彦　2000『永遠の友―ピーボディ・エセックス博物館と日本』星雲社
22) 青木　豊　2006「博物館展示用語としての『蔵のぞき』の提唱」『学会ニュース』No.76、全日本博物館学会
23) 青木　豊　2007「究極の参加型展示―韓国西大門刑務所歴史博物館の事例―」『学会ニュース』No.82
24) 榊渕彰太郎　2012「総合展示の研究―総合展示論史からみた形態的分類試案―」『國學院大學博物館学紀要』第36輯
25) 倉田公裕・加藤有次・柴田敏隆　1972『秋田県立綜合博物館構想』秋田県
　　加藤有次　1981「総合展示」『博物館学講座7　展示と展示法』雄山閣出版
26) 青木　豊　2009「水族館は、博物館であると納得できる水族館―環境水族館アクアマリンふくしま」『学会ニュース』No.87
27) 糸魚川淳二　1999『新しい自然史博物館』東京大学出版会
28) 今野幸樹　2012「「よるのはくぶつかん」顛末記」『市民と博物館』104、日立市郷土博物館
29) 高山林次郎　1899「博物館論」『太陽』第五巻第九号
30) 小島有紀子　2009「床展示・床下展示についての一考察―床及び床下を見る行為から博物館展示への変遷」『國學院大學博物館学紀要』第33輯
31) 全日本博物館学会編　2011『博物館学事典』雄山閣
32) 坪井正五郎　1889「パリー通信」『東京人類学会雑誌』第四十六号
33) 名古屋市博物館編　2003『名古屋市博物館資料叢書3　猿猴庵の本　新卑姑射文庫　三編』
34) 山田幸五郎　1926「光學を應用せる娯樂物」『科学知識』第6巻第7号、科学知識普及会
35) 坪井正五郎　1890「パリー通信　物品陳列上に鏡の応用」『東京人類學会雑誌』第四十七號
36) 坪井正五郎　1904「人類學標本展覽會開催趣旨設計及び效果」『東京人類學會雑誌』第二十九號
37) 坪井正五郎　1890「パリー通信」『東京人類學會雑誌』第四十七號
38) 立川増吉　1932『満州資源館要覽』南満州鐵道株式会社満州資源館
39) 村田文夫　2008「歴史系博物館の展示に、天晴れ！・渇！」『史峰』第36号、新進考古学同人会
40) 江馬　務　1988『風流と習俗』中央公論社
41) 梅棹忠夫　1987『メディアとしての博物館』平凡社
42) 青木　豊　1994「博物館内における写真撮影」『ミュージアム（テーマ館・展示館）施設計画と事業運営資料集』（株）綜合ユニコム
43) 杉山正司　2011「『個』展示と『群』展示～特別展『雑兵物語の世界』から～」『埼玉県立歴史と民俗の博物館紀要』第5号

195

44) 青木　豊　1988「ミュージアム・ショップに関する一考察」『國學院大學博物館学紀要』第 13 輯
45) 坪井正五郎　1890「パリー通信」『東京人類學會雜誌』第四十八號
46) 青木　豊　1986「レプリカ（型取り模造）と計測模造の相互関係―硬玉製勾玉等の計測模造製作を実例として―」『國學院大學博物館学紀要』第 11 輯
47) 浜田耕作　1922『通論考古学』大鐙閣
48) 青木　豊　1985『博物館技術学』雄山閣
49) 坪井正五郎　1899「土俗的標本の蒐集と陳列とに關する意見」『東洋學芸雜誌』第拾六巻貳百拾七號
50) 大貫洋介　2009「日本の博物館における模型活用とその過程」『國學院大學博物館学紀要』第 34 輯
51) 斎藤月岑著・金子光春校訂　1968『増訂　武江年表　2』東洋文庫 118、平凡社
52) 五姓田芳柳　1908「初代五姓田芳柳伝」『光風』第 4 年第 1 号
53) 黒板勝美　1911『西遊弐年　歐米文明記』文會堂書店
54) 谷津直秀　1912「活氣ある博物館を設立すべし」『新日本』2―2
55) 青木　豊　2002「ジオラマ展示と映像展示の合体」『月刊視聴覚教育』（財）日本視聴覚教育協会
56) 青木　豊　1997『博物館映像展示論―視聴覚メディアをめぐる』雄山閣
57) 幸知英之　2013「沖縄県における携帯情報端末等活用の取り組み」『視聴覚教育』第 67 巻 6 号
58) 木下周一　2009『ミュージアムの学びをデザインする　展示グラフィック＆学習ツール制作読本』ぎょうせい

# 結　語

　博物館での研究の必要性は、情報伝達を行う情報を、資料より抽出することにある。端的に記せば、展示のための研究なのであり、基本的には展示のための資料の調査であり、収集でなければならないのである。
　これらの基本要件が達成されて、はじめて博物館展示は教育であると言える展示に昇華できる内容を有すると考えられる。そのうえで、資料をとおして紡ぎ出された学術情報を縷々述べてきた展示技法により、見学者に受け入れて貰えて初めて博物館展示は成立するのである。
　そのための第一方策は、博物館学を含めた総合的な研究能力と自らの研究経験による研究への理解を有した館長と、博物館学知識と意識を有した熱心な専門職としての学芸員の配置はなくてはならないのである。また、この為には学芸員の社会的地位の向上にも関係機関は深慮しなければならないのである。
　第二には、人々が博物館に対して抱いている基本的なイメージは、その名が示すとおり、珍奇なもの、古いもの、高価なものが数多く所狭しと収蔵されていることである。この点が充実されない限り、利用者側の心理としては何か物足りなく頻度が増せば不備を通り越し、詐欺の被害意識すら生じてくるといっても過言ではなかろう。即ち、この場合前句の如くコレクションの質と量が大きく展示も決定づけることとなる。今日の新設館の多くは、種々の展示技法を駆使し、きれいではあるが何かもの足りない、見学後何も残らぬといった奥行のない展示が横行している傾向が感じられる。この点は、実物資料展示の乏しさの一言に尽きるものであり、それは取りも直さず収蔵品（コレクション）に問題があり、基本的には収蔵品形成過程で収集の理念と方法が不適確であったことの現れであることを確認しなければならない。
　第三に、"驚きと発見"が数多く存在することにより、魅力ある集客能力の高い展示とは先ず、抜本的には二元展示であり、説示型展示であり、総合展示であり、参加型展示であり、動感展示であることを展示の基軸に据えて、さら

結　語

には時間軸展示（変遷展示）・比較展示に基づく配列を実施すれば達成が可能であると考える。

　さらに仔細について記すならば、大型ジオラマ・大型模型・陳腐化が予想される映像等を除く、二次資料の活用が博物館見学者への博物館展示の情報伝達を決定づけることとなると考えられよう。

　この結果、"驚きと発見"の数多い魅力のある博物館に人は集まることとなり、よく言われるように博物館は"博物館が地域社会を活性化する"社会的資源となることを期待するものである。

　人々が、遺跡・史跡・町並み・重要伝統的建造物群・近代化遺産・近現代遺産・天然記念物・世界文化遺産・景観・世界自然遺産・ジオパークといった、非日常的場所との出会いを求めていることは何時の世も変わらぬ事実なのである。ビジターへの便宜提供と交流人口増幅の目的で、これらを一箇所で紹介し、情報を発信するのが博物館であるところから、博物館は"ふれあい"の入口と位置づけられるのである。これからの博物館は資料との出会いはもとより"人（学芸員）と出会う博物館"となることで、博物館は社会資源へと昇華できるものと考えられる。

　つまり、文化と自然が相俟った風土と、これらに関する資料の保存と継承を基軸に据えて、博物館利用者に対しては解放と参加に基づいた上での地域文化の新たな創造を考える場とならねばならないと考えるのである。

# あとがき

　これからの地域博物館の集客を高める博物館の経営方法とその中核をなす博物館展示について、大所高所からは捉えられず、枝葉末節の次元で縷々記してきた通りである。

　文中でも記したとおり、億単位の大型映像設備やシミュレーション装置・動く恐竜を配置した巨大ジオラマ等々の展示物は、すぐに陳腐化をきたし将来博物館経営の大きな足枷となることは必定であることを、実際にかかる現象に陥っている博物館を自分の目で直視し、再度確認することにより同じ轍を踏まないようにしなければならないのである。

　この無駄に終わってきた展示物の製作予算を活用し、一人でも多くの博物館学知識と意識を有した熱心な学芸員を採用することが重要なのである。博物館学知識と意識を有した熱心な学芸員が博物館に長期間介在することにより、博物館は蘇ることができるのである。

　また、博物館の専門職員である学芸員が、博物館経営に対する熱意を持ち続けられる職場環境の整備が基本的に必要である。具体的には、明確な研究・教育職としての専門職に位置づけることが重要であり、文部科学省の科学研究費が申請できる博物館にすることが優先課題であることは述べた通りである。現在の博物館の慢性的な予算不足は、この外部競走資金の獲得で補完することがわが国の研究機関での常套的手段となっている現状に照らし合わせても必要なのである。この為にも、学芸員を研究職に位置づけることが先決なのである。

　"仏つくって、魂入れず"の格言のようにならぬよう、博物館をつくれば"魂"である博物館学知識と意識を有した熱心な学芸員の配置が最優先事項なのである。このことは博物館をはじめとする教育機関での不変の原理であろう。

　本書を纏めるにあたり、國學院大學文学部助手中島金太郎君・國學院大學大学院博士課程後期の桝渕彰太郎・落合広倫・雛海寧君達に多岐に互りお手伝いいただきましたことをここに銘記し、厚く御礼申し上げます。

　末筆ながら、本書の出版をご快諾いただいた株式会社雄山閣の宮田哲男社長をはじめ関係各位に、なかでも編集の労をお取りくださった桑門智亜紀氏に対しまして厚く御礼申し上げます。

■著者紹介

## 青木　豊（あおき　ゆたか）

1951年　和歌山県橋本市生まれ。
國學院大學文学部史学科考古学専攻卒業。
現　　在　國學院大學文学部教授　博士（歴史学）
主な著書　『博物館技術学』『博物館映像展示論』『博物館展示の研究』『集客力を高める　博物館展示論』（以上単著）、『史跡整備と博物館』『明治期 博物館学基本文献集成』『人文系博物館資料論』『人文系博物館資料保存論』『人文系博物館展示論』『神社博物館事典』『棚橋源太郎 博物館学基本文献集成』上・下（以上編著）、『博物館人物史』⊕・⊖、『大正・昭和前期 博物館学基本文献集成』上・下、『博物館学史研究事典』（以上共編著）、『博物館ハンドブック』『新版博物館学講座1　博物館学概論』『新版博物館学講座5　博物館資料論』『新版博物館学講座9　博物館展示論』『新版博物館学講座12　博物館経営論』『日本基層文化論叢』『博物館危機の時代』（以上共著）、以上雄山閣
『和鏡の文化史』（単著、刀水書房）、『柄鏡大鑑』（共編著、ジャパン通信社）、『博物館学Ⅰ』（共著、学文社）、『新編博物館概論』（共著、同成社）、『地域を活かす遺跡と博物館―遺跡博物館のいま―』（共編、同成社）、『観光資源としての博物館』（共編、芙蓉書房）
他論文多数

2013年　9月10日　初版第1刷発行
2014年10月30日　初版第2刷発行
2018年　8月25日　普及版第1刷発行　　　　　　　　　　《検印省略》

---

## 集客力を高める　博物館展示論【普及版】

　　著　者　青木　豊
　　発行者　宮田哲男
　　発行所　株式会社 雄山閣
　　　　　　〒102-0071　東京都千代田区富士見2-6-9
　　　　　　ＴＥＬ　03-3262-3231／ＦＡＸ　03-3262-6938
　　　　　　ＵＲＬ　http://www.yuzankaku.co.jp
　　　　　　e-mail　info@yuzankaku.co.jp
　　　　　　振　替：00130-5-1685
　　印刷・製本　株式会社ティーケー出版印刷

©Yutaka Aoki 2018　　　　　　ISBN978-4-639-02604-4 C0030
Printed in Japan　　　　　　　N.D.C.069　199p　21cm